陈丽 等◎著

中国高校继续教育发展报告 2020

北京师范大学出版集团
BEIJING NORMAL UNIVERSITY PUBLISHING GROUP
北京师范大学出版社

图书在版编目(CIP)数据

中国高校继续教育发展报告.2020/陈丽等著.—北京：北京师范大学出版社，2021.12

ISBN 978-7-303-27420-8

Ⅰ.①中… Ⅱ.①陈… Ⅲ.①高等教育—继续教育—研究报告—中国—2020 Ⅳ.①G729.2

中国版本图书馆 CIP 数据核字(2021)第 237449 号

营 销 中 心 电 话 010-58802135 010-58802786
北师大出版社教师教育分社微信公众号 京师教师教育

ZHONGGUO GAOXIAO JIXU JIAOYU FAZHAN BAOGAO(2020)

出版发行：北京师范大学出版社 www.bnup.com
北京市西城区新街口外大街 12-3 号
邮政编码：100088

印　　刷：保定市中画美凯印刷有限公司
经　　销：全国新华书店
开　　本：787 mm × 1092 mm 1/16
印　　张：10.5
字　　数：145 千字
版　　次：2021 年 12 月第 1 版
印　　次：2021 年 12 月第 1 次印刷
定　　价：52.00 元

策划编辑：王剑虹　　责任编辑：王剑虹
美术编辑：焦　丽　　装帧设计：李尘工作室
责任校对：陈　民　　责任印制：赵　龙

本书编委会

前言

高校继续教育是继学校教育之后面向所有社会成员的教育活动，是普通高等教育向终身教育发展的一种新型教育制度，是推动高等教育大众化的重要举措，是连接高等学校与社会经济发展的重要桥梁，是服务终身学习的主要途径，是高等学校的法定职责。我国高校继续教育起源于中华人民共和国成立初期，与我国社会主义事业同步发展，已经成为我国高等教育事业的重要组成部分，形成了鲜明的特色。

习近平总书记在党的十九大报告中指出，“办好继续教育，加快建设学习型社会，大力提高国民素质”，进一步彰显了继续教育在建设学习型社会进程中的战略地位。《中国教育现代化2035》提出了“构建服务全民的终身学习体系”战略任务，并“鼓励高等学校积极开展学历继续教育”。党的十九届五中全会审议通过的《中共中央关于制定国民经济和社会发展第十四个五年规划和二〇三五年远景目标的建议》，在述及“建设高质量教育体系”时，专门提到要“发挥在线教育优势，完善终身学习体系，建设学习型社会”。新时代高校继续教育要响应党的十九大、2018年全国教育大会等会议精神，体现新时代继续教育的新使命，并在“构建服务全民的终身学习体系”中发挥重要作用，就必须实现继续教育的高质量发展。

2018年印发了《教育部办公厅关于开展高等学校继续教育发展年度报告工作的通知》(教职成厅函〔2018〕15号)的印发，正式启动了全国高校继续教育发展年度报告的编写工作。该工作是全面掌握高校继续教育发展现状，推动信息公开，加强事中事后监管的有效举措，对于推动建立高校继续教育质量保证体系，强化高校继续教育责任主体意识，提高高校继续教育质量和教育行政部门科学决策水平具有重要意义。全国高校继续教育发展报告工作实行教育部、省教育行政部门、学校三级报告制度。报告报送范围涉及各级各类开办学历和非学历继续教育的高校，涵盖继续教育办学的各种形式和层次。

北京师范大学作为教育部“高校继续教育发展报告工作”的承担者和具体实施单位，组织了全国范围内继续教育领域的几十位实践专家，对连续三年的高校报告和省级报告进行了深入分析，就报告框架及内容多次征求部分省级教育行政部门、学校及领域内专家的意见，在经过众多专家的多轮意见征求和修改之后，形成了本报告。报告回顾了我国高校继续教育的发展脉络和现状，总结了成就和贡献，分析了不足和挑战，为新时期高校继续教育改革创新提供了方向指导。

报告的形成是教育行政部门、高校和行业专家以及从业者共同努力的成果，也是高等院校继续教育梳理过去、厘清现状和展望未来的一次具有深刻意义的尝试，亦是高校继续教育整体发展水平的重要呈现，更是高校继续教育面向新时代、承担新使命、开启新征程之作！

目　录

第一章

高校继续教育发展概述

一、高校继续教育内涵与定位

1. 高校继续教育内涵

继续教育是继学校教育之后面向所有社会成员的教育活动，特别是成人教育活动，是终身学习体系的重要组成部分。高校继续教育是由高等学校(普通高等学校、成人高等学校)举办的继续教育，其主要任务包括三个方面：①面向具有接受高等教育意愿的社会成员开展相应的学历继续教育，不断提升社会成员的受教育水平；②面向在职从业人员，以及有创业、择业、转岗需求和失业人员、就业困难人员等开展相应的岗位能力和职业技能培训，提升社会成员的就业能力、岗位适应能力、创新能力等；③面向各类社会成员开展形式多样的道德规范、文明生活、文化休闲和健康教育等社会生活教育，服务全民终身学习。

2. 高校继续教育定位

开展继续教育是高等学校的法定职责，继续教育是高等学校履行人才培养、科学研究、社会服务和文化传承职能的重要方面，也是高等教育发展的重要形式。高等学校是学历继续教育的主阵地，是岗位能力和职业技能培训的主要参与者，是社会生活教育的重要力量。高校继续教育是我国终身教育的骨干力量，是构建服务全民终身学习教育体系的重要支撑，是建设高质量教育体系的重要内容。现阶段，高校继续教育发展思路是稳步发展学历继续教育，大力发展非学历继续教育，面向国家经济社会转型发展培养高水平、多样化的专业人才，促进新常态下国家经济社会可持续高质量发展；面向社会成员的终身学习需求提供多元灵活的教育服务，完善终身学习体系建设，促进社会成员的终身可持续发展。

二、高校继续教育发展概况

经过长期探索、调整和不断发展，我国高校继续教育体系逐步健全，形成了多主体、多类型、多形式、多层次的继续教育，为数以亿计的各类社会成员提供了多种形式、多种类型的教育服务。

1. 办学形式和层次

目前我国继续教育包括学历继续教育和非学历继续教育。其中学历继续教育包括以下办学形式：成人高等教育(函授教育、业余教育和成人脱产教育)，现代远程教育(网络教育、开放教育)，高等教育自学考试。学历继续教育的办学层次主要有高中起点专科(简称“高起专”)、高中起点本科(简称“高起本”)和专科起点本科(简称“专升本”)，其中高起专、专升本是学历继续教育的主体。

(1)学历继续教育

①函授教育

函授教育是学习者利用业余时间在教师指导下自学书面教材和相关学习资料，同时由学校组织本校教师和相关兼职教师在校内或校外函授站进行集中面授辅导，以及利用寒暑假等假期参加学校的相关实验实习的办学形式。函授教育以信函的方式开创了远程教育的先河，通常被称为第一代远程教育。1952 年，中国人民大学首开高等函授教育先河，东北师范大学、北京师范大学等高校紧随其后，相继举办高等函授教育，随后逐步扩大到财经、理、工、农、医、文、政法和体育等各类高等学校。“文化大革命”期间一度中断招生，1980 年 9 月恢复。函授教育的学生通过全国统一的成人高等学校招生考试录取，改革开放初期，函授教育曾为学历补偿做出了巨大贡献。

②业余教育(夜大学)

业余教育(夜大学)是学习者利用夜晚、周末、假期等业余时间在高校校园内进行面授教学，并与课外自学相结合的继续教育办学形式。1950 年中国人民大学夜大学正式招生，这是新中国成立之后最早举办的一所夜大学。20 世纪 70 年代末夜大学在大中城市兴起。业余教育(夜大学)的学生通过全国统一的成人高等学校招生考试录取。

③成人脱产教育

成人脱产教育是从 1993 年开始的高校学历继续教育办学形式，成人脱产班的学生通过全国统一的成人高考入学，主要对象为高考落榜生以及部分在职人员。在校内进行脱产全日制学习，在教学管理、校园文化等方面与高校全日制教育相近。2007 年，教育部停止了直属高校成人脱产教育，2008 年全面停止了普通高校的成人脱产教育招生。目前仅允许成人高等学校按一定计划招收成人脱产班。

④网络教育

国务院于 1999 年 1 月 13 日批转了教育部《面向 21 世纪教育振兴行动计划》(国发〔1999〕4 号)，文件明确提出实施“现代远程教育工程”，形成开放式教育网络，构建终身学习体系。自 1999 年开始，教育部共批准 69 所普通高校和原中央广播电视大学开展现代远程教育试点工作，探索基于网络条件的第三代远程教育的教育教学和人才培养模式，高校网络教育和电大开放教育的办学形式开始兴起。

网络教育由普通高等学校举办，是一种基于现代信息技术，以现代教育思想和学习理论为指导，以学习者为中心，充分发挥网络技术和网络资源的优势，为师生搭建数字化的教和学的环境，输送数字化课程资源，满足学习者多样化需求的办学形式。

⑤开放教育

开放教育的办学方式与网络教育基本相同，其利用 1 所国家开放大学、44 所地方开放大学(省、自治区、直辖市、计划单列市开放大学)，以及延伸到市(区)、县的办学体系开展。国家开放大学和地方开放大学共同构成我国开放教育的办学体系，促进了信息化的办学网络逐渐覆盖全国城乡。

⑥高等教育自学考试

高等教育自学考试制度始于 1981 年，是以个人自学为主，社会助学和国家统一考试相结合的一种高等教育形式。学习者注册入学后，根据国家规定的专业教学大纲和拟定的课程计划，自主学习，按时参加考试。在通过教学计划规定的全部理论和实践课程的考试后，就可以获得相应专业的学历证书。为满足广大考生的学习需求，一部分承担自考助学的院校和机构也曾经在 20 世纪末开始举办脱产形式的助学班。2007 年，教育部同时停办了直属高校成人脱产班和自考助学脱产班。

(2)非学历继续教育

非学历继续教育是指高校面向社会成员开展的岗位能力和职业技能培训以及多类型的社会生活教育，其中以岗位能力和职业技能培训为主。岗位能力和职业技能培训主要面向党政、企业经营、专业技术、高技能、社会工作、农村实用等国家经济社会发展各领域专门人才的培养。社会生活教育是面向广大社会成员和城乡社区开展的内容丰富、灵活多样的教育培训活动。

2. 办学机构

高校继续教育主要由普通高等学校和独立设置成人高等学校举办。普通高等学校主要由本科院校和高职院校构成，独立设置成人高等学校主要包括各级开放大学、职工高等学校、农民高等学校、教育学院、管理干部学院以及独立函授学院等。

教育部公布的《2019 年教育统计数据》显示，截至 2019 年年底，全国共有普通高等学校 2688 所，其中本科院校 1265 所，高职院校 1423 所，大多数普通高等学校都举办了不同层次、不同类型的继续教育。有独立设置成人高等学校 268 所，其中中央部委所属 13 所，地方所属 255 所。在独立设置成人高等学校中，开放大学是一个办学体系，包括国家开放大学 1 所，地方开放大学 44 所(包括各省、自治区、直辖市和计划单列市开放大学)。

三、高校继续教育发展历程

新中国成立以来，我国高校继续教育经历了起步发展、恢复发展、加速发展、转型发展四个阶段。

1. 起步发展阶段(1949—1977 年)

1949 年 12 月，教育部颁发的《关于中国人民大学实施计划的决定》，同意中国人民大学举办函授教育夜校专科，1952 年，中国人民大学函授教育开始招生，标志着我国高校继续教育开始启动。自 1953 年开始，教育部把重点试办高等函授教育列为高等教育的一项内容，高等函授教育在全国范围内逐步开展。同年，东北师范大学和北京师范大学相继开始举办函授教育。最初函授教育主要在师范、财经类院校举办，1956 年后开始在综合性大学开办函授教育。第一个五年计划期间，全国举办函授教育的高校共 58 所，举办夜大学的有 36 所，共有函授学生 35 000 人，夜大学生 12 000 人。① 1960 年 3 月，我国第一所电视大学——北京电视大学开学，第一期招生 6000 人。在此阶段，国家将函授教育和夜大学的发展列入了全国教育事业计划，进行正规化管理，我国高校继续教育事业正式起步，初步探索了正规化高校继续教育发展道路。

2. 恢复发展阶段(1978—1985 年)

改革开放初期，经济全面复苏，人民群众对高等教育的巨大需求和高等教育资源供给相对不足之间的矛盾凸显。1980 年 9 月 5 日，国务院批转教育部的《关于大力发展高等学校函授教育和夜大学的意见》(国发〔1980〕228 号)指出：发展高等教育应贯彻两条腿走路的方针，采取多种形式办学，高等学校除办好全日制大学外，还应根据本校情况积极举办函授教育和夜大学。由此，普通高等学校快速恢复和发展夜大学、函授等多种形式的继续教育，招生规模连年增长。1985 年，举办成人学历教育的全国普通高等学校达到 591 所，报考人数超过 170 万。② 1978 年 2 月，邓小平同志亲自倡导并批准创办面向全国的广播电视大学，由此广播电视大学进入快速发展期，办学规模持续扩大。1979—1985 年广播电视大学招收正式生总数约 149 万人(其中全科生 107.7 万人，单科生 41.5 万人)，毕业生约 36 万人(其中全科毕业生 5 万余人，单科和多科毕业生约 31 万人)。③ 1980 年 1 月，邓小平在《目前的形式和任务》的讲话中对“两条腿走路办教育”的思想进行了进一步阐述：“一个是办学校、办训练班进行教学，一个是自学。要下苦功夫学。”他强调，在全日制和业余教育之外，还要发展“自学”。1981 年 1 月，

① 董明传、毕诚、张世平：《成人教育史》，海南，海南出版社，2002。

② 中国成人教育协会组：《中国成人教育改革发展三十年》，北京，高等教育出版社，2008。

③ 陈丽：《中国教育改革开放 40 年：终身教育卷》，北京，北京师范大学出版社，2019。

国务院正式批转了教育部提出的《关于〈高等教育自学考试试行办法〉的报告》(国发〔1981〕8 号)，标志着一种新型的教育形式和考试制度——高等教育自学考试制度在中国大地上诞生了。到 1985 年下半年，全国 29 个省、自治区、直辖市都建立了自学考试工作机构，全国共开考本科专业 20 种、专业点 29 个，专科专业 54 种、专业点 259 个，一次考试有 142 万多人报考；累计报考人数超过 431 万，本科毕业 26 人，专科毕业 1 万余人。① 在恢复发展阶段，通过创办广播电视大学、高等教育自学考试制度，创新了办学形式，调整了办学主体结构，我国高校继续教育实现了整体发展。

3. 加速发展阶段(1986—2002 年)

随着我国经济体制改革的深入推进以及对外开放的大力开展，我国经济发展呈现出较强的活力，对人才的需求更加旺盛，进一步激发了人们的学习需求。国家针对这一现状颁布了一系列政策文件，明确了成人教育的战略地位。1986 年 12 月，第一次全国成人教育工作会议召开。1987 年 2 月，国家教委颁布了《普通高等学校函授教育暂行工作条例》(〔87〕教高三字 002 号)，这是我国函授教育发展历程中第一份带有法规性质的综合性指导文件。1987 年 6 月，国务院批转了《国家教育委员会关于改革和发展成人教育的决定》(国发〔1987〕59 号)，该文件明确了成人教育是我国教育的重要组成部分，界定了成人教育的内涵和主要任务。1993 年颁布的《中国教育改革和发展规划纲要》(中发〔1993〕3 号)第一次明确提出，成人教育是传统学校教育向终身教育发展的一种新型教育制度，对于不断提高全民素质、促进经济和社会发展具有重要作用。这一时期，无论是举办继续教育的高校数量，还是受益于继续教育的学生规模都迅速增长，在很大程度上缓解了国家经济社会发展对各类专业人才的需求，提高了人口素质。1999 年，在国

---

① 国家教委高等教育自学考试办公室：《全国高等教育自学考试统计资料汇编(1981—1993)》，武汉，武汉大学出版社，1996。

务院批转的教育部《面向 21 世纪教育振兴行动计划》(国发〔1999〕4 号)的推动下，现代远程教育工程开始试点，普通高校网络教育和广播电视大学开放教育进入我国高校继续教育行列，并迅速成为我国高校继续教育领域最具发展活力和创新力的办学形式。

4. 转型发展阶段(2002 年至今)

为更好服务全面深化改革的新时代，教育领域积极推进综合改革，调整优化了继续教育办学形式，普通高校停办成人脱产教育，大力发展现代远程教育，广播电视大学举办开放教育，基于现代信息技术的远程教育逐渐成为高校继续教育的趋势。2010 年《国家中长期教育改革和发展规划纲要(2010—2020 年)》(中发〔2010〕12 号)颁布，把高校继续教育创新发展推向新的阶段。该文件用“继续教育”一词代替了“成人教育”，明确“继续教育是面向学校教育之后所有社会成员的教育活动，特别是成人教育活动，是终身学习体系的重要组成部分”，提出了加快发展继续教育、建立健全继续教育体制机制、构建灵活开放的终身教育体系三项主要任务。从 2012 年起建设了 6 所开放大学，开始探索广播电视大学的转型发展之路，截至 2020 年 12 月，共建成 1 所国家开放大学、44 所地方开放大学。

在这个阶段，继续教育领域把提高人才培养质量作为政策引导重心，各种措施的目标集中指向规范办学和提高质量，逐步探索建立事中、事后监管机制。2016 年 11 月，教育部发布《高等学历继续教育专业设置管理办法》(教职成〔2016〕7 号)，加强对高等学历继续教育专业设置的统筹规划与宏观管理；2018 年教育部启动了高校继续教育发展年度报告工作，探索建立高校继续教育质量保障制度。各省、直辖市、自治区教育行政部门以多种方式面向属地高校开展继续教育办学的过程监管工作；各高校也逐步建立完善了学校内部的质量保证体系。2019 年 12 月，教育部办公厅下发《关于服务全民终身学习 促进现代远程教育试点高校网络教育高质量发展有关工作的通知》(教职成厅〔2019〕8 号)，就高校落实主体责任、省级教育行政部门统筹监管、国家教育行政部门的监督指导做出了详细规定，国家指导、省级统筹、高校主体的继续教育治理机制逐渐形成，高校继续教育进入全面质量提升的历史新阶段。

第二章

高校继续教育的人才培养

教育部进一步规范专业设置工作，引导各高校把人才培养摆在首要位置，依据自身办学定位和社会需要，确定人才培养目标，制订人才培养方案，确保学历继续教育人才培养达到国家规定的学业标准。同时，各高校在办学过程中，不断总结成人学生的学习特点和继续教育的特殊规律，改变以往完全照搬全日制人才培养方案的做法，在课程设置、教学组织、考核评价等方面进行多样化人才培养模式探索，尤其加强实践教学和能力培养，突出人才培养与社会需求对接、专业调整与产业发展对接，增强人才培养的针对性和适用性。

一、人才培养规模

1. 学历继续教育规模稳步增长

据统计，2019 年度我国学历继续教育本专科招生总规模为 600 余万人，较 2018 年增长约 18 万人，增长 3%，约占全国各类高等教育本专科招生总规模(1500 余万人)的 40%(图 2-1)。

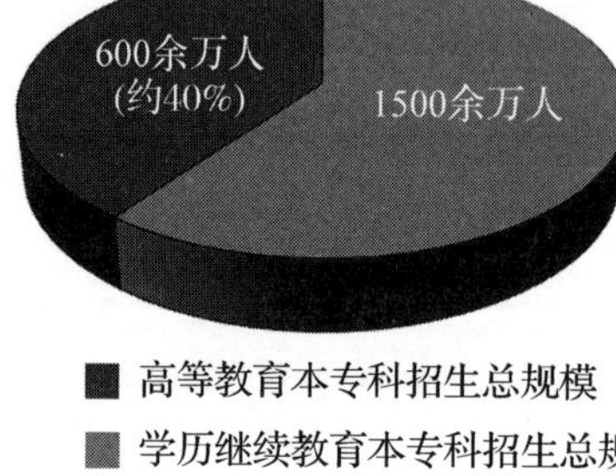

图 2-1　2019 年学历继续教育招生规模

数据来源：2019 年度全国继续教育发展报告统计数据

其中，2019 年度成人教育(函授、

业余、脱产)招生规模约为300万人，与2018年度对比增加约20万人，约占本年度全国学历继续教育招生总规模的50%；网络教育招生规模约为140万人，与2018年度相比减少约30万人，占全国学历继续教育总规模的23%；开放教育招生规模约为160万人，与2018年度相比增加约20万人，占全国学历继续教育招生总规模的27%(图2-2、图2-3)。

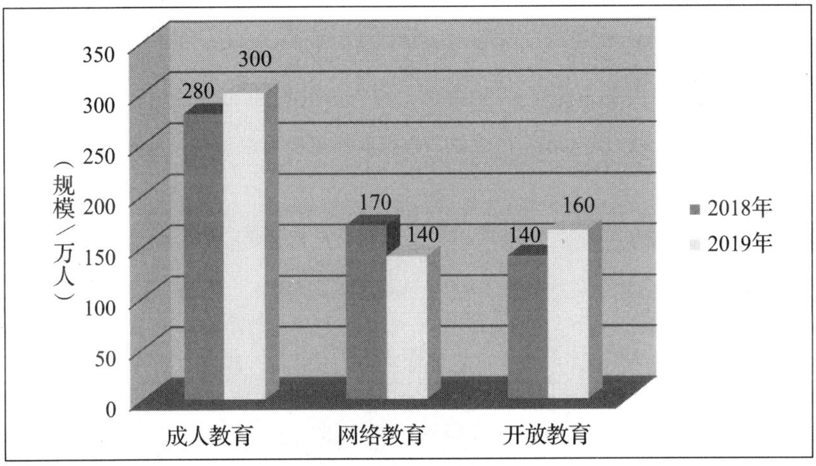

图2-2　2018—2019年度学历继续教育不同办学类型招生规模

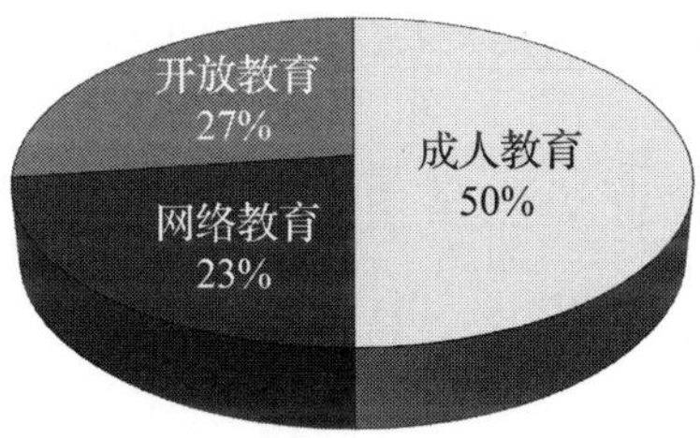

图2-3　2019年度高校继续教育不同办学类型招生规模占比

数据来源：2019年度全国继续教育发展报告统计数据

2019年高起专层次招生规模约为340万人，与2018年度相比增加约10万人，约占本年度全国学历继续教育招生总规模56%；专升本层次招生规模约为250万人，与2018年度相比增加约10万人，占42%；高起本层次招生规模约为12万人，与2018年度相比减少约1万人，占2%(图2-4、图2-5)。

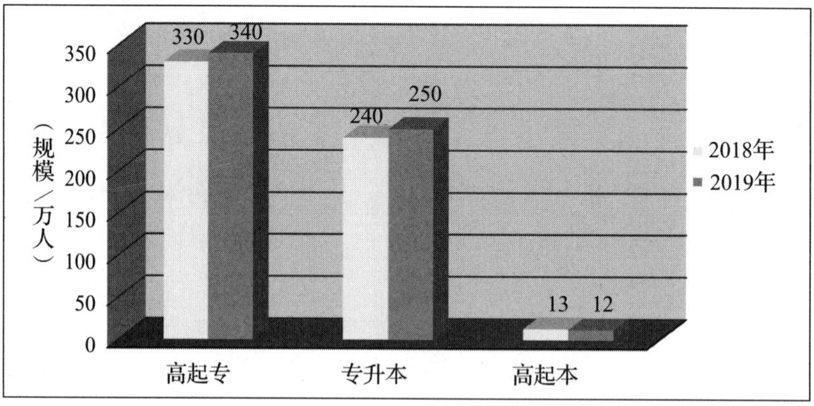

图 2-4　2018—2019 年度学历继续教育不同办学层次招生规模

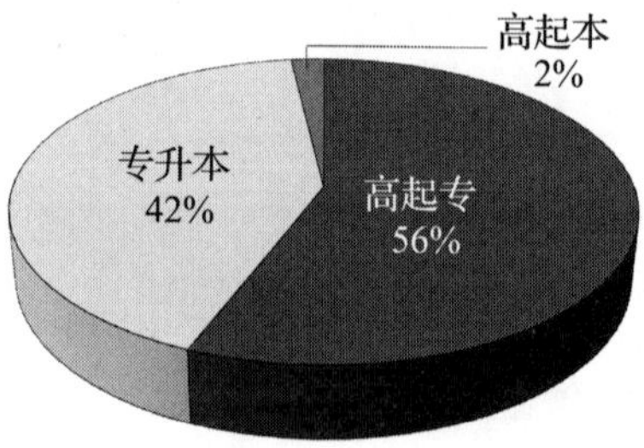

图 2-5　2019 年度高校继续教育不同办学层次招生规模占比

数据来源：2019 年度全国继续教育发展报告统计数据

2019 年度高校继续教育毕业学生总规模为 440 余万人，约占各类高等教育本专科毕业生总人数的 37%。其中成人教育毕业学生规模约为 210 万人，占 48%；网络教育约为 230 万人，占 52%。高校继续教育专科层次毕业学生约为 260 万人，占 59%；本科层次约为 180 万人，占 41%(图 2-6～图 2-9)。

2. 非学历继续教育蓬勃发展

据不完全统计，2019 年度我国有 1200 余所高校开展了非学历继续教育，培训项目超过 15 万个班次，培训总规模接近 4300 万人次，全国共 10 个省份非学历继续教育规模超过 100 万人次；其中现代远程教育试点高校举

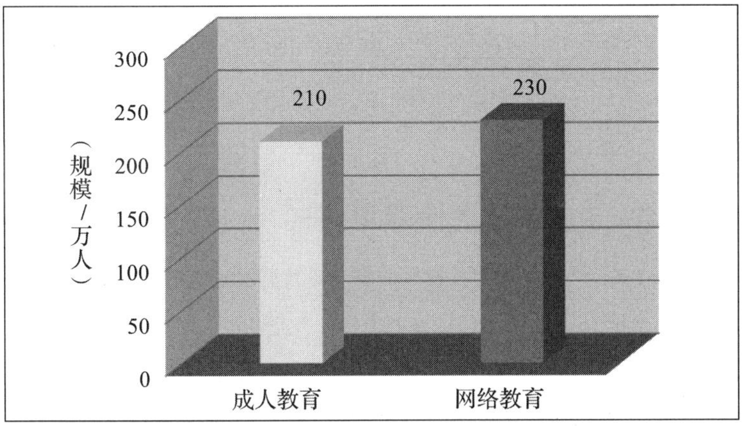

图 2-6　2019 年度高校继续教育不同办学类型毕业生规模

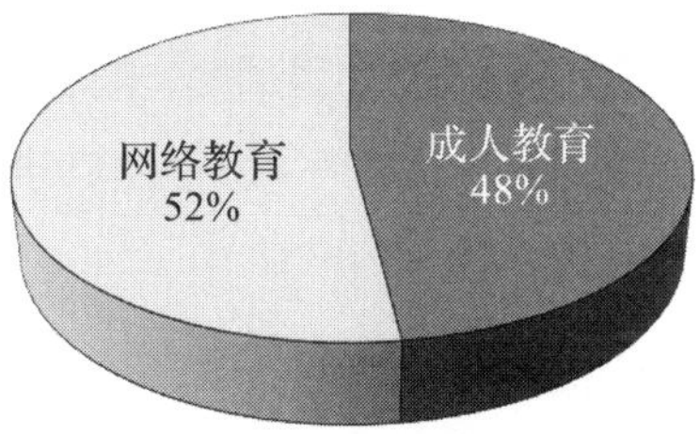

图 2-7　2019 年度高校继续教育不同办学类型毕业生规模占比

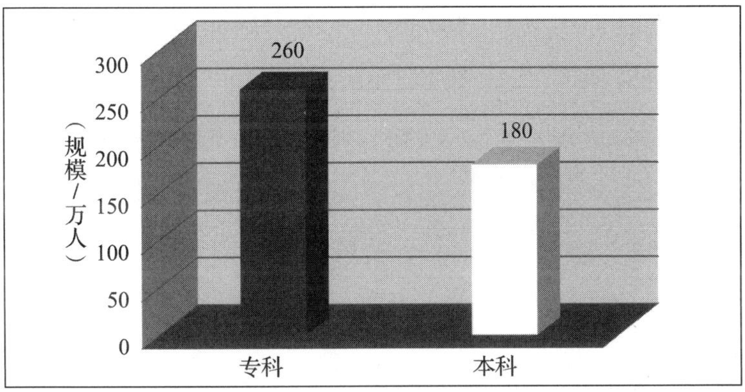

图 2-8　2019 年度高校继续教育本专科层次毕业生规模

办非学历培训项目接近 3 万个，培训总规模为约 340 万人次。目前非学历继续教育范围涉及农业、制造业、现代服务业等数百个领域；对象涵盖行业企业员工、党政干部、专业技术人员、农民、学生、待业人群、老人、留学生等广泛人群。

目前各高校开展非学历继续教育可分为四种类型：高层次继续教育培

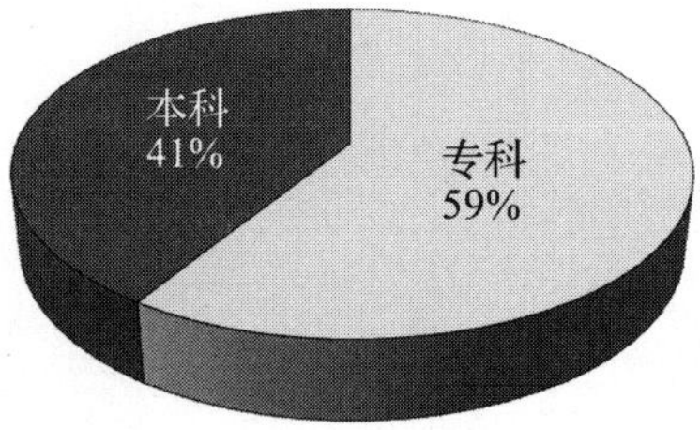

图 2-9　2019 年度高校继续教育本专科层次毕业生规模占比

数据来源：2019 年度全国继续教育发展报告统计数据

训、知识普及型培训、专业技能型培训、服务型培训。

①高层次继续教育培训：培训对象重点集中在高层次人才、紧缺型人才、智能型人才等群体，如科研机构、党政机关和企事业单位工作人员等。

②知识普及型培训：主要指以知识普及为目的，有针对性地面向社会各行业从业人员进行的职业化与专业化提升的一般性社会培训，如计算机、外语、文化艺术、普法、卫生等。

③专业技能型培训：主要指针对专业领域进行的科学、严谨、系统的深度培训，如职业技能培训、岗位培训、技术技能培训等。

④服务型培训：主要是指对接国家战略开展的一些面向群体广泛的、培训内容多样的，以传递经验、技能、知识为主的培训，包括新农村建设、扶贫、社区教育、老年教育、各级各类考试辅导等。

二、专业设置

1. 形成多层次多学科的专业布局

2019 年高校继续教育开设的本专科专业数为 852 个，其中本科 336 个，专科 516 个，涵盖理、工、医、文、管、法、农等多学科。近年来继续教育本专科专业学生规模排名基本稳定。以 2019 年为例，本科招生排名前五的学科分别为管理学、工学、医学、教育学和文学(图 2-10)。

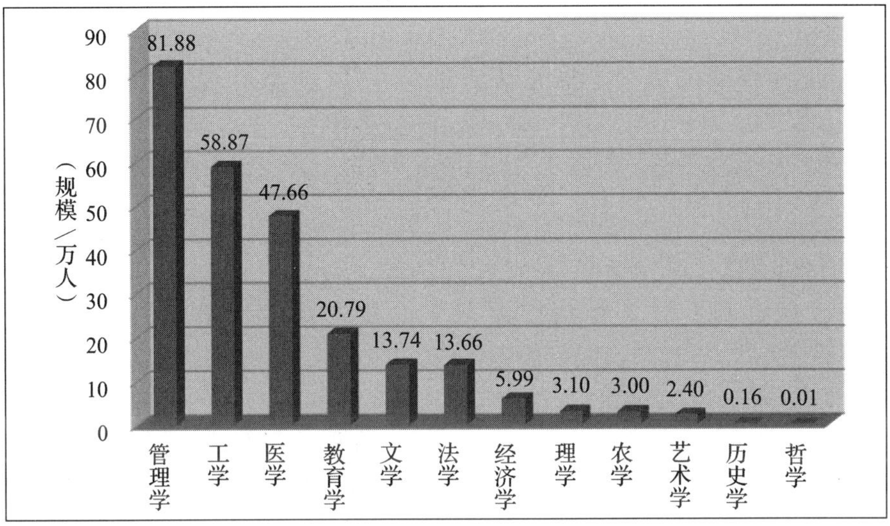

图 2-10　2019 年高校继续教育本科招生学科学生规模

数据来源：教育部 2019 年教育统计数据

专科招生排名前五的专业大类是财经商贸大类、公共管理与服务大类、教育与体育大类、土木建筑大类、电子信息大类(图 2-11)。

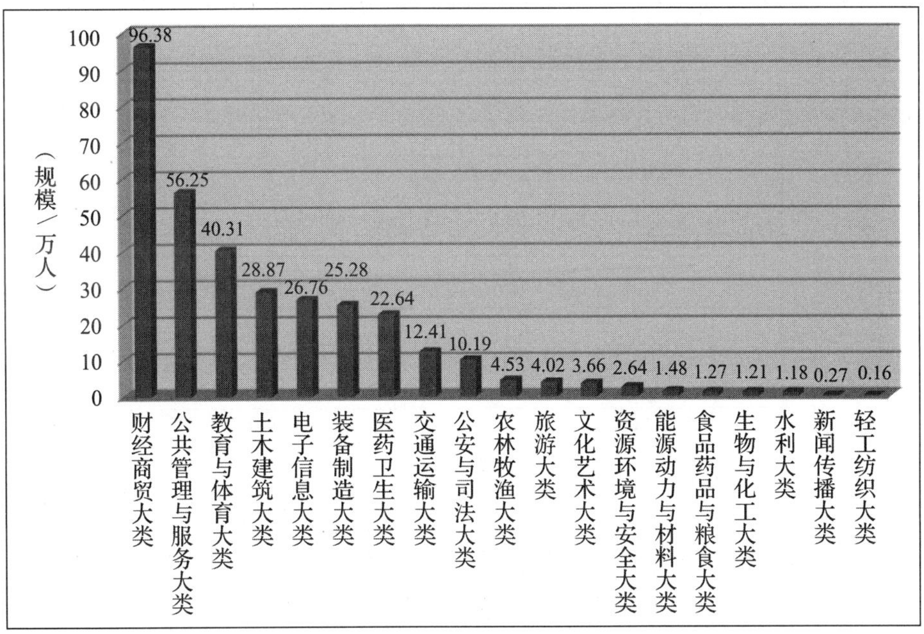

图 2-11　2019 年高校继续教育专科招生专业学生规模

数据来源：教育部 2019 年教育统计数据

2. 调整优化专业布局和结构

2016 年教育部印发了《高等学历继续教育专业设置管理办法》(教职成〔2016〕7 号)，引导各高校充分依托自身学科、专业和师资等优势，举办相应学历层次的学历继续教育，要求高校继续教育的办学层次、类型、规模、质量要与学校办学定位、办学条件和社会声誉相适应，统筹本校全日制教育与继续教育协调发展。各高校根据文件要求对学历继续教育专业进行了调整和优化，普通高等学校不再举办本校全日制教育专业范围外的学历继续教育，没有举办全日制专科层次教育的普通本科高校，不再举办专科层次的学历继续教育。据统计，从 2017 年起高校继续教育开设的本专科专业总数呈逐年下降趋势(图 2-12)。文件实施前各高校开设的继续教育本专科专业总数为 1168 个，2017 年下降到 904 个，2018 年和 2019 年分别是 866 个和 852 个。

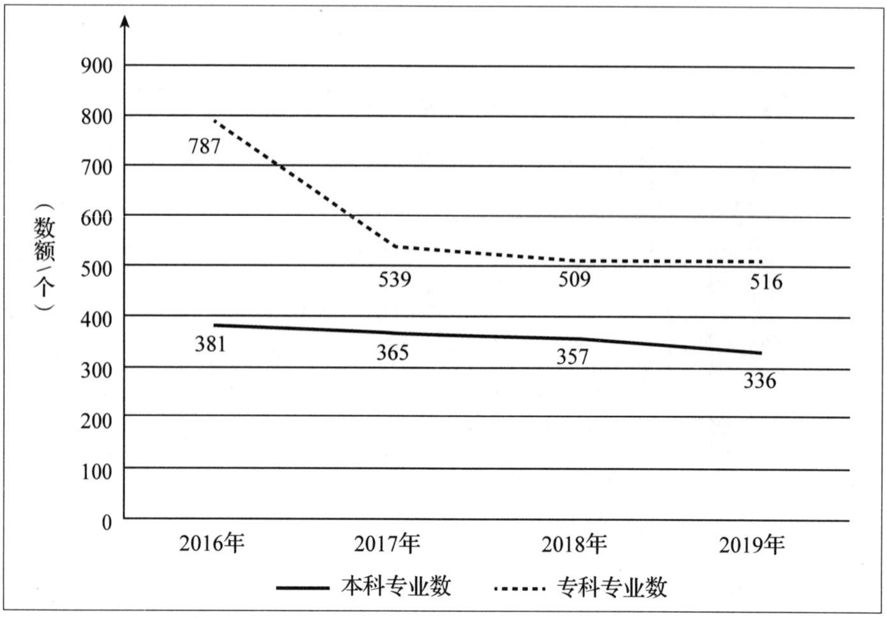

图 2-12　高校继续教育本专科专业数

数据来源：2019 年度全国继续教育发展报告统计数据

其中本科专业数从2016年的381个，下降到2019年的336个，较实施前减少了45个；专科专业数从2016年的787个，减少到2019年的516个，较实施前减少了271个。

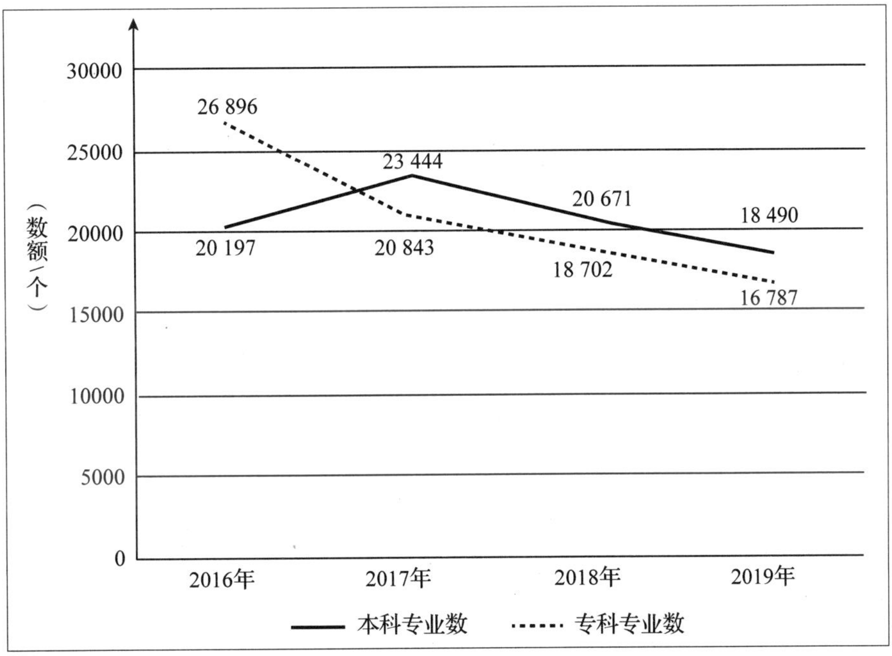

图2-13　高校继续教育本专科专业点数

数据来源：2019年度全国继续教育发展报告统计数据

本专科专业点数也同样呈现逐年下降趋势（图2-13）。2016年我国继续教育本专科专业点总数是47 093个，到2019年减少到35 277个。其中本科专业点数在文件实施前是20 197个，到2019年减少到18 490个；专科专业点数在文件实施前是26 896个，到2019年减少到16 787个。

通过专业布局和结构调整，高校继续教育分层办学格局逐渐形成。高等职业学校、开放大学申报专科层次继续教育专业点明显增加；普通本科高校聚焦主业，集中举办本科层次继续教育，大幅减少了专科层次继续教育专业。各高校也围绕各自的优势专业，进一步明确办学定位，调整人才培养方案，形成办学特色。

第三章
高校继续教育的组织实施与保障

一、重视专业建设

各省持续加大对学历继续教育专业设置的统筹力度，按照高校自主设置和省级统筹相结合、高校特色专业发展与总量控制相结合的工作思路，建立“三级”管理制度，明确责任和管理程序，主动引导和指导高校遴选和建设特色专业，加强信息服务与过程监管。各高校对现有的本、专科专业进一步梳理、调整和规范，合理布局专业结构，重点建设特色专业，调整和完善人才培养方案，各有侧重、优势互补、良性竞争的发展态势更加突出，进一步推动人才培养与经济社会发展相适应。

1. 加强优势特色专业建设

为适应不断变化的社会需求，高校继续教育在逐步控制招生规模、优化调整层次结构的同时，进一步聚焦校内优势专业，集中资源和力量办好品牌特色专业，充分发挥了高校优势资源服务社会、服务终身学习教育体系建设的桥梁作用。例如，西安科技大学积极加强继续教育专业统筹管理和改造提升，形成以安全和地矿为主要特色的双学科群，建设了安全工程、消防工程、采矿工程、能源化学工程等一大批特色专业，更好地满足了我国西部地区行业人才培养和学历提升需求。中国矿业大学(北京)根据社会与行业需求进行专业设置与调整，将原先22个专科专业缩减为9个涉煤主体专业(煤矿开采技术、机电一体化技术、矿井通风与安全、选煤技术等)，逐渐形成了以矿业和安全为品牌、工程类特色专业和经管类专业并重发展的格局。北京大学医学继续教育学院聚焦优势专业，停招了6个专科专业和4个专升本专业，仅保留护理学和药学2个专升本专业，并有针对性地开展了课程体系改革，强化特色专业建设。各省级教育行政部门也加强统筹指导，建立了专业预警与退出机制，引导各高校找准办学定位，优化专业结构，停办与社会需求不相适应的专业，增设需求量较大的优势特色专业；北京、陕西等省份还设立了特色专业遴选与建设项目，推动高校继续教育能够主动适应行业人才需求和地方经济发展需求，加强自身优势特色专业建设，逐渐形成差异化的良好专业布局。

案例1：以行业需求为导向，加强特色专业建设

中国农业大学 以行业需求为导向，针对动物医学和食品安全领域的人才缺口，调整优化专业结构，针对专业型复合型人才培养目标，加强动物医学和食品质量与安全两个特色专业建设。两个专业的人才培养体系均强调实践教学，尤其在动物医学专业添加了大量的临床案例，加强技能训练。在课程建设方面采用课件、专题、实践一体化的建设模式，通过问题导向、案例教学、专题探讨、实操训练等方法，以中国农业大学动物医院、校内高水平实验室、各养殖基地为依托，开展实践教学，形成内容丰富、体系完整、形式多样的课程体系。动物医学专业自开设以来培养了近3万名专业人才；食品质量与安全专业培养了近7000名专业人才。2019年动物医学专业和食品质量与安全专业均入选“北京市高校继续教育特色专业”。

(案例来源：中国农业大学)

2. 优化人才培养方案

各高校紧紧围绕《高等学历继续教育专业设置管理办法》(教职成〔2016〕7号)提出的“培养具有较高综合素养、适应职业发展需要、具有创新意识的应用型人才”这一总体目标，不断完善人才培养方案，优化课程体系，课程设置更加突出专业的指向性和适用性。山东大学、东南大学等高校通过培养方案调整，初步实现了课程内容与学科研究新进展、实践发展新经验、社会需求新变化对接。中国地质大学(武汉)远程与继续教育学院深入分析行业产业链核心企业对专业人才岗位能力的要求，对照全日制本科和高职院校人才培养要求，结合行业产业专家和职教专家意见，提出继续教育专业方向和人才培养能力目标；并面向行业产业专家、企业人力资源部门主管和工程师等以问卷调查与访谈相结合的方式，完善和优化人才培养方案。同时很多高校针对行业企业需求，坚持理论与实践并重，强化实践教学，优化应用型人才培养体系，全方面提高学生的实践能力和专业技术能力。例如，北京电影学院继续教育学院依托学校优质的影视艺术教育教学资源，根据成人学生及课程内容特点将创作实践教学贯穿全过程。在专业基础和专业核心课程中，教师运用大量电影片段展现电影创作的艺术观念、艺术手法、技术表达。鼓励学生进行创作，并通过制度建设对学生的实践创作成果进行认证。北京社会管理职业学院以提高学生实践能力、职业素养为重点，优化人才培养方案，组织现代殡葬管理与技术专业学生到殡仪馆、墓园学习实践，提高学生的专业技能。各高校通过积极推动应用型人才培养模式改革，从传授知识为主向培养能力为主转变，优化了人才培养结构，更好地对接了社会经济发展。

案例2：“双能力”型人才培养体系建设

山东大学 按照“边研究、边改革、边实践、边优化”的思路，持续推进培养方案的制订修订工作，经过三轮较大的调整，基本形成了应用型人才培养方案，重点专业建设初见成效。以药学(专升本)专业教学改革为例，学校借鉴 DECDA 模式(成人远程教育课程开发模式)，充分调研行业企业需求，综合分析学习者的职业特点及岗位工作过程特点，将职业岗位需求、实践发展新经验、社会需求新变化融入课程体系。另外加强专业选修课程体系建设，满足学生个性化专业学习需求。经过几年探索，实践了以“学生为中心、学习活动为主线、成果导向”的课程设计思路，制定了配套的课程质量标准、学习活动设计指导等规范性文件，加强课程教学评价，确保课程质量，形成了药学专业“注重学生实践能力-培养岗位胜任能力”的“双能力”型人才培养体系。山东大学与国家药品监督管理局执业药师资格认证中心合作，在全国 17 个省、直辖市、自治区设立 21 个项目学习中心，开展“执业药师能力与学历提升工程”，共招收培养药学人才 4 万余人，现在籍生 1.5 万余人。截至 2020 年年底，有 2.7 万人已完成学业顺利毕业。平均毕业率为 93%，学位授予率达 11%，提升了执业药师队伍总体学历层次和综合素质，满足了社会对药学人才的需求。

(案例来源：山东大学)

案例 3：搭建实践教学体系，培养高素质技能型中药人才

北京医药集团职工大学 为培养成人在职学生的综合实践能力和创新能力，构建科学的实践教学体系，大力建设中药种植基地、中药标本馆、GMP(good manufacturing practice，优良制造标准)车间、模拟药房等集中医药教育、中药材科研及科普为一体的中药种植实训基地和实践教学平台。实践教学中，将中药的“种—

采—制—检”四个环节整合优化，并结合中药研究的热点和难点，开展创新性的实践项目，同时与校研发中心合作，建立开放性实验项目，由原来的单一课内实验扩展为专业综合设计型和跨专业的综合实践，培养学生理论运用和分析解决问题的能力。例如，“中药学”“药用植物学”“中药鉴定学”“中药炮制学”等课程，由学生亲自设计、参与从中药材采挖到净制、切制、炒制等加工、炮制的全过程，加深对药用植物的形态特征、种植、生活习性及中药的采收、加工方式、炮制方法、鲜药材性状特征、炮制作用、临床应用等方面知识的融会贯通，激发了学生的学习兴趣和探究欲望，加强了学生的实践操作能力，为北京中医药行业输送了大量的高素质技能型中药人才，为首都经济社会发展做出了较大贡献。

（案例来源：北京医药集团职工大学）

3. 统筹管理专业设置

2016年11月，教育部印发《高等学历继续教育专业设置管理办法》(教职成〔2016〕7号)，逐步建立了国家宏观管理、省级整体统筹、高校自主自立的学科专业设置管理机制，有效引导了全国高校主动适应产业转型升级和经济社会发展需要，调整优化了学科专业结构，促进了高等学历继续教育协调发展。《高等学历继续教育专业设置管理办法》出台后，高校普遍依据自身办学定位、条件和特色，科学合理设置学历继续教育专业，分层办学趋势开始凸显。

各省(直辖市、自治区)按照管理办法，在规范拟招生专业审批流程、认真做好拟招生专业备案工作的同时，进一步探索高等学历继续教育拟招生专业审批机制。如北京、河南等省组织成立专业审批专家团队，统筹组织和指导高校结合自身优势做好专业建设工作规划，严格拟招生专业审批、专业备案审查和政策执行等环节，合理设置拟招生专业，促进学科良好布局，从而更好地服务国家战略及区域经济社会发展。

案例 4：创新工作机制，统筹推进专业设置和建设

北京市 认真贯彻教育部要求，持续统筹推进专业分级设置与布局优化，着力提升管理服务能力。北京市教委创新工作机制与方法，坚持项目引领，持续加大投入，以“教学质量专项”形式对专业设置核验工作每年投入 30 万元经费支持，建立了由20 位专家组成的专业设置统筹工作组，形成责任到人、分工合作、行动高效的工作团队。专家组坚持“错位发展”，分设普通高校、高职高专、开放大学、独立设置成人高校等小组，分类指导招生专业核验和拟招生专业填报统筹工作。对于各类高校存在的共性问题进行专题讨论、总体统筹，统一标准，严格执行。引导高校明确定位、整合优势，特色发展。同时做到过程留痕、规范管理，确保每一个关键环节有据可查、有标可依。2019 年，在京高校共填报 1445 个拟招生专业点，与 2017 年相比，累计减少 463 个，初步形成北京高校继续教育专业建设统筹指导服务体系。

（案例来源：北京市教育委员会）

二、强化思想政治教育

各高校充分重视思政课程建设，以“三全育人”思想为指导，深化思政课程改革，将思想政治工作贯穿于教学体系和管理体系当中，注重思政元素与其他学科的融合、与生产实践的融合，切实做到使思政课程由理论说

教变成具体实践。此外，在《普通高等学校思想政治理论课教师队伍培养规划(2019—2023年)》(教社科函〔2019〕10号)文件精神的指引下，各高校普遍将思政教师队伍建设摆在了思政工作的首位，专任思政教师队伍建设初见成效。

1. 树立“三全育人”理念

各地各高校认真学习贯彻习近平总书记在学校思政课教师座谈会上重要讲话精神，贯彻落实《〈中共中央宣传部 教育部关于进一步加强和改进高等学校思想政治理论课的意见〉实施方案》(教社科政〔2005〕9号)的要求，结合继续教育规律和特点，将加强学生思想政治教育作为首要任务，坚持“三全育人”基本理念，将“立德树人”贯穿继续教育教学全过程，不断完善和创新思想政治教育工作，真正实现全员育人、全程育人以及全方位育人，从根本上提高学生们的思想素质和道德品质。如上海外国语大学根据成人教育学生的特点，积极探索网络、文化育人协同联动机制，构建育人大平台，以学院微信公众号“上外网络教育”和党建微信公众号“上外网院党建”构建新媒体矩阵；同时积极发挥名师在构建校园文化育人体系中的重要作用，强化育人环境建设。

案例5：创新思政育人方法，打造继续教育“全程育人”链

上海大学 积极探索高校继续教育立德树人有效路径和方法，坚持党建引领、注重思政育人，先后制定临时学生党支部和学生思想政治工作的细则和实施意见等文件，以“关键节点”氛围教育为抓手，加强学生意识形态教育与思想教育，努力创建高校继续教育“全程育人”机制。在实践中，一是着力抓好“两支队伍”，通过学生思想政治教育工作者、学生党员和班干部队伍建设，将入

学教育、过程教育和毕业教育贯穿起来，形成环环相扣的“全程育人”链。二是建好“三个平台”。(1)“红色驿站”平台，建设学生党员工作载体“上大红色驿站”，探索流动党员管理新模式，充分发挥学生核心群体模范带头作用。(2)“师生互动”平台，建立和规范“季度师生座谈会”制度，打造学生与教学管理人员互动交流平台，实现因材施教、教学相长。(3)“校友交流”平台，建立校友联络互动机制，发挥校友资源的重要作用。近年来，继续教育学院先后荣获“上海市优秀成人继续教育院校”“全国优秀成人继续教育学院”等奖项。

(案例来源：上海大学)

案例6：坚持“三全育人”理念，创立思政教育工作方法

天津大学 坚持“三全育人”理念，创立了“价值引领、榜样激励、情怀教育”的现代远程教育学生思想政治教育工作新方法，具体包括：(1)坚持广泛参与，全员育人。通过开展专项培训和表彰激励等方式，累计表彰15 712人，提高了教学管理队伍的业务能力和职业素养，为做好学生思政工作奠定了基础。分别在天津、杭州成立了在职学生党员先锋队，有效发挥学生党员的先锋模范作用。扎实开展入学教育和情怀教育，通过组织开学典礼、毕业典礼、观看校史视频等活动，增进学生对母校的荣誉感。(2)坚持多措并举，全方位育人，持续完善课程育人。构建起以思政课程为主体，以“大学文化”“职业生涯规划”等通识课程为延伸的思想政治教育课程体系。将“天大远程”微信公众号作为传播和弘扬社会主义核心价值观的主要阵地，选树优秀典型，以先进事迹感染人。例如，将本科毕业生中涌现的十八大代表、十九大代表、全

国劳动模范、全国优秀共产党员、全国抗击新冠肺炎疫情先进个人等先进典型，作为开展现代远程教育学生思想政治教育的生动案例，强化思政引领。

(案例来源：天津大学)

2. 建设思政课程体系

根据中共中央办公厅、国务院办公厅印发的《关于深化新时代学校思想政治理论课改革创新的若干意见》所确定的思政课建设的主攻方向以及“开门办思政”的推进思路，各省(直辖市、自治区)都颁布了课程思政相关指导文件，将其纳入课程质量评价体系。各高校全面落实主体责任，成立了课程思政领导小组，在“三全育人”总体工作格局下，高校继续教育将思政课程建设作为育人的“主战场”，将课程教学作为育人的“主渠道”，加快推进思政课程建设。根据成人思政教育特点，确定思政教学方法，制定教学内容，确定考核方式，打造具有校本特色、与新时代相适应的思政课程体系，如石河子大学坚持扎根新疆兵团办学，对思政课进行“混合式”教学改革，在面授学时不减的同时，加大网络自学辅导力度，进一步发挥好思政课引领示范作用。安徽农业大学等高校探索了校地协同培养模式，形成思政课教育工作合力，依托地方党校设立教学点，坚持“服务＋创新”人才理念，促进思政课程与课程思政有机融合。同时各高校充分发挥课程教学的内在品格培育功能，形成了以思政课程为核心，以中国系列课程、综合素养课程、哲学社会科学课程为支撑，以专业课程为辐射的课程思政体系，充分发挥了思政课立德树人的主渠道作用。在思政课程师资选派上，注重校内师资与地方党校师资相结合，发挥党校在地方干部思想政治教育中的重要补充作用。

案例 7：多措并举，推进思政课程体系建设

上海市 从课程的建设、实施和拓展三个维度着力，搭建教室、社会和网络三大课堂，不断完善思政课程体系，实现学历和非学历继续教育全覆盖。其具体举措包括：(1)全面落实思政课程要求。全市开展高等学历继续教育的58所高校324个专业均根据文件要求开设相应的思政课程，满足规定的学分。(2)全面推进实践课程建设。充分利用上海市珍贵的红色资源，积极推进实践性思政课程建设。复旦大学《共产党宣言》展示馆、上海交通大学钱学森图书馆、上海市中共一大会址纪念馆、龙华烈士陵园和人民英雄纪念塔等红色资源已成为实践性思政课程的主要载体。(3)丰富思政课程在线资源供给。全市各高校结合本校继续教育办学定位、专业特色和人才培养要求，建设了丰富的思政课程学习资源。通过远程学习系统、微信公众号等创设了思政学习平台，提升了思政工作的有效性。(4)全市每年举办高校继续教育教师队伍思政工作专题培训，面向继续教育学院院长、教师和管理人员等不同群体分类、分层开展思政工作专题培训，实现师资队伍育人水平的整体提升。

（案例来源：上海市教育委员会）

3. 创新思政教育模式

各高校持续更新思想政治教育教学方法，创新思政教育模式，通过成立学生临时党支部、开设必修课、设立专职辅导员、开创丰富多样的“线上线下”校园德育实践活动、加强校园思政文化建设等多种方式，不断提升思想政治工作成效。如天津大学、西藏藏医药大学、重庆邮电大学等在开足

思政课程的基础上，通过开展校园文化节、图书日、主题党日、征文比赛等活动将思想政治教育贯穿教学全过程。一些高校结合所在地区优势和自身专业优势，培育了“应用型人才思想政治核心素养”“铁人精神教育实践”等独具特色的课程思政品牌，如同济大学、东华大学、上海理工大学、上海应用技术大学等众多高校充分利用红色资源开展现场教学和学生党建。部分高校将VR、AR等信息技术引入思政课程，增添了时代元素，有效吸引、带动了青年学生群体，推动了“三全育人”课程思政模式的构建。例如，华东师范大学建设了AI＋在线教育“大思政”一体化课程体系，将思政课程和课程思政融合建设，以思政课程作为核心引领，并通过通识素养课程，深植思政元素，开辟第二课堂，实现“三全育人”目标。部分高校加强思政辅导教师队伍建设，充分发挥教师对学生思想政治的引导、指导作用，如华中师范大学遴选校内外哲学社会科学专家学者、优秀教师、先进人物、优秀辅导员和杰出校友等担任思政课兼职教师，组建多元结构的思政课教师队伍；并通过设立思政教师学习进修专项经费、鼓励教师开展思政课题研究等举措，提高教师的思政理论素养，增强思政教师运用思政理论解决现实问题的能力。

案例8：创新工作方法，建立“1＋2＋*N*”思政工作模式

河北经贸大学 高度重视继续教育思政工作，继续教育学院党总支根据继续教育学生特有的分散居住、阶段时间集中学习、学生党员隶属不同党组织等教学管理和党建、思政等特有规律，进行了积极的探索和实践，在思政工作中创新性地总结出了“1＋2＋*N*”模式。“1”即一个核心，以党建为核心，建强堡垒，引领、促进思政工作；“2”即打造好教师党员和学生党员两支队伍，充分发挥党员先锋模范作用，推进思政工作；“*N*”即以“思政＋”为抓手，创

新发展，多点发力做好思政工作。为切实加强对继续教育学生党员教育管理，继续教育学院党总支大胆尝试，在符合条件的函授站设立学生临时党支部，坚持规范建设，丰富内涵。通过近年来的积极探索和实践，“1+2+N”思政工作模式取得了良好的教育教学效果，并在全省继续教育系统中推广。

（案例来源：河北经贸大学）

三、建设专兼职师资队伍

各高校普遍重视继续教育师资队伍建设，通过自建专职教师队伍，共享校内师资，吸引行业、社会力量参与等方式，已建立起校内校外相结合、专职和兼职相结合，年龄和学历结构合理的相对稳定的师资队伍。同时各高校不断完善继续教育教师的日常管理制度，加大培训力度，加强教学督导，有效促进了教师队伍综合素质提高。

1. 形成多样化教师队伍

近年来各高校将师资队伍建设放在教育教学工作的首要位置，尤其是加大专职教师队伍建设，同时加强校企合作，引入企业、行业中优秀的高级技术人员参与教学工作，更好地推动了理论与实践结合，如北京医药集团职工大学、苏州大学、上海交通大学、无锡商业职业技术学院等学校积极推进校企合作，着力建设由校内教师和企业专家共同组成的双师型教师队伍，着力培养学生实践能力和创新能力。目前高校继续教育已经形成以本校教师为主、外聘专家为辅，专任教师为主、兼职教师为辅的教师队伍结构。校内教师占比均超过50%，部分高校甚至实现了学历继续教育100%为校内师资；教师年龄结构以30～50岁为主，占60%以上，学历以本科、硕士为主体，占85%以上。此外，大部分高校出台了教师聘用管理办法、班主任(辅导员)工作职责等相关文件，通过强化制度建设保障教师队伍质量。

案例9：实施“学业导师制”，促进学员专业提升

华南师范大学 网络高等学历教育自2018年开始，以学前教育(专起本)专业为试点推行“学业导师制”。根据学前教育专业学员多在幼儿园工作、年纪轻、工作忙、偏爱移动学习等特点，实行“知识＋技能”“线上＋线下”“学历＋能力”“学习＋跟岗[①]”的混合式教学或混合教学模式。并为加强专业指导，按照1∶20为学员配置学业导师。学业导师均是来自一线幼儿园的名园长/名教师或高校学前教育专业教师，具有丰富的学前教育研究、工作经验、线上线下活动组织能力，为学员提供线下实践机会，在理论和专业素养等方面为学员提供专业指导和引领。同时面向岗位需求，将非学历培训课程和实践跟岗与学历教育课程相融合，采用“影子”培养模式，让学员深入名园与名师结对进行学习和实践。截至2020年，该专业配备专业导师107名，服务学员6400余名，覆盖广东、江苏、浙江、北京、新疆等12个省、直辖市、自治区，学员满意度持续保持在98%以上。

(案例来源：华南师范大学)

2. 加强师德师风建设

各高校将加强师德师风建设作为新时期建设高素质教师队伍的重要任

① 跟岗，是非基础教育的高等学校和中等职业学校在校学生的实习方式之一，以跟岗学习(跟着干、辅助工作、辅助完成)为主，区别于顶岗实习(自己干、独立工作、独立完成)。

务。通过组织系列活动和培训，要求教师深入学习习近平总书记在全国教育大会(2018 年)、全国高校思想政治工作会议(2016 年)上的讲话精神，以及《新时代高校教师职业行为十项准则》(教师〔2018〕16 号)、教育部《关于高校教师师德失范行为处理的指导意见》(教师〔2018〕17 号)、《高等学校教师职业道德规范》(教人〔2011〕11 号)等文件，强化教师的职业道德，引导教师自觉履行为人师表、教书育人的基本职责。同时，部分高校加强相关制度建设，出台了师德师风建设和考核管理规定、教师教学行为规范等规章制度，进一步规范教师行为，引导教师以德立学，以德施教。

案例 10：建机制、抓考核、重关键，切实加强师德师风建设

东华大学 高度重视师德师风建设工作，在学校着力加强师德师风建设的整体部署下，制定了教师师德规范和师德建设长效机制，强化师德教育。(1)采取多项举措，助推新时代师德师风长效机制构建和完善，如修订教师聘任协议、教师评优奖励办法，明确师德师风作为教师选用、评优的首要标准；修订教学督导工作办法、干部听课制度，强化师德师风监测；在学生评教指标里增加师德师风项目等。(2)重视关键环节，开展师德师风主题教育，要求学历与非学历教育教师签订意识形态责任书。(3)评选优秀典型，加强师德宣传。继续教育官网开辟“师德师风”专栏，传达政策精神，宣传优秀教师典型事迹；尤其是微博品牌栏目“教师星势力”将教书育人楷模、一线优秀教师作为报道对象，宣传师德典型、分享育人经验，营造了良好的教风学风和育人环境，将师德师风建设各项工作落到实处，为广大成人学生“立德”起到榜样示范作用。

(案例来源：东华大学)

3. 重视专业化能力培训

各高校坚持“三全育人”的基本理念，有针对性地、定期地面向教师开展教学能力培训及相关学科领域的专题培训，以提升教师职业素养和专业能力。一些高校非常重视对骨干力量的培养，举办中青年骨干教师专项培训班，提高骨干教师的业务能力和理论水平，形成以骨干教师带动其他教师共同成长的良好格局。例如，上海市杨浦区业余大学制订青年骨干教师职业生涯规划，通过专题培训等方式，大力推进青年骨干教师培养。北京医药集团职工大学组织教师到同类院校、医院、药厂实习，实行教师双向交流制度，聘请学科名师和行业专家开展讲座及教学交流活动。有些高校还设立了教师进修访学专项资金，为教师发展提供平台，鼓励和支持教师结合自身专业领域继续进修学习。

案例 11：面向主讲教师和兼职教师开展针对性培训

东北财经大学 根据继续教育教师队伍特点，建立了面向主讲教师和兼职教师的教师专业化培训体系。针对主讲教师的培训重点是教学能力提升，具体包括：(1)引导教师进行学情分析，建立以学生为中心的教学理念。(2)结合继续教育特点，从课程设计力、课程内容把控力、课堂表现力、授课魅力等多个方面进行培训。(3)培训后学院会采取量化考核方式对培训效果进行评价。针对兼职教师的培训重点是提升学习支持服务能力，主要从课程开发流程、内容设计、题库建设、工作规范、考核制度、辅导平台操作等方面对各类兼职教师开展针对性培训，截至 2020 年年底共完成培训规模 332 人次，培训时间 385 小时。同时学院制定了兼职教师相关管理办法，对课程辅导教师和毕业论文指导教师的聘用、培训、管理、考核、奖惩等做出明确规定与要求。

（案例来源：东北财经大学）

4. 提升科学研究能力

高校继续教育在发展业务的同时，也越来越重视科学研究工作。北京外国语大学、武汉大学、四川师范大学等高校鼓励教师申报国家和省部级课题，推动实践与研究的充分结合。北京、上海、广东等省份行政部门和高校还设立了继续教育专题研究项目，鼓励教师针对继续教育改革发展的重难点问题开展理论与实践研究。推动教师将科学研究与教师业务水平、职业素养提升相结合，加深教师对继续教育学科规律的认识，持续推进科研成果转化。国家开放大学、上海开放大学等学校大力鼓励教师在核心刊物上发表论文，激励教师积极投身科研，以科研促专业发展。部分高校依托学科优势开展特色科学研究，推动科学与实践并行。例如，华东师范大学继续教育学院聚焦于“教师培训专业化”与“教育信息化”两个核心领域，在理论研究、标准研制、实践应用等方面都进行了探索，并将研究成果应用于教育部全国中小学教师信息技术应用能力提升工程和“国培计划”项目，推动了教师科研与业务能力同步提升。

案例 12：推动机制建设，加强科学研究

上海开放大学 立足学校定位，不断强化特色科研，大力推进教师科研工作。(1)学校先后成立了上海开放远程教育工程技术研究中心、上海教育系统网络文化发展研究中心、市民终身学习需求与能力监测研究中心以及信息安全与社会管理创新实验室等科研基地。(2)学校完善了科研管理体制及评价奖励办法。2020 年上海开放大学共投入科研经费 362.8 万元，获得校外竞争性的科研项

目经费138.35万元。教职员工共发表期刊论文105篇，其中北大中文核心期刊、科技核心、CSSCI来源期刊及扩展版论文27篇。全年获批市级以上课题12项，出版图书32部。信息安全与社会管理创新实验室“十三五”期间先后开展了100余项专题研究，承担了5项上海高校智库内涵建设计划项目，以及2020年高校宣传思想文化专项、上海学校德育实践研究等课题；创新实验室获得上海市决策咨询研究成果奖一等奖；工程技术研究中心研制的《基础教育教学资源元数据实践指南》经教育部发布为教育行业标准。

（案例来源：上海开放大学）

5. 健全教学考核督导评价机制

高校将强化教学督导工作作为提升教学质量的重要举措。北京大学、北京邮电大学、上海中医药大学等建立了继续教育教学督导组，采取定期召开教学例会、定期组织开展教学检查、定期组织教学评价等多种措施，对教学过程进行有效监管，促进教师规范教学。上海中医药大学等高校形成了总校—学院—学习中心(函授站)三级督导体系，对教师教学工作实现常态化管理；北京大学等高校把教学工作质量作为教师职务晋升和评奖的重要标准，有效保证了教学质量。

案例13：加强全过程督导，严把教学质量

北京大学 成立了北京大学继续教育督导组，由学校分管继续教育校领导任组长、继续教育部部长任副组长，聘请相关人员组成督导团队。综合采取随堂听课、参加相关教育教学活动、现场询问、问卷调查、个别访谈、调取资料档案、参加学员交流会和教师座谈会等形式对全校继续教育教学活动进行督导。课程督导

分为指定督导和自选督导两种方式。指定督导由继续教育部教学办指定督导课程，自选督导由督导员在管理服务平台上自主选择课程现场督导。督导员主要督导检查内容包括：办学规范、教师资质、教学质量、教学效果等方面。2019 年度继续教育督导组共督导 191 门次课程，并对课程开展情况给出详细反馈，促进教学质量提升。

（案例来源：北京大学）

案例 14：健全制度建设，加强督导评价

北京邮电大学 健全制度建设，制订和完善了招生、教学、校外学习中心考核等制度文件。同时制定教学质量督导和巡查机制，形成了《学历继续教育教学督导实施办法》，成立了教学督导专家组，根据每学期的教学安排，制定督导计划，对专业建设、培养方案、课程资源、教师授课等进行督导。落实领导干部听课制度，每学期安排学院领导和教务部、教学研究中心主任等 20 余人参加听课，平均每人每学期听 5 门课程。新冠肺炎疫情期间，仍坚持教学督导工作，20 多名管理人员对 322 门次课程的网络实时课和 12 门次课程的面授转线上教学全程听课，并及时将问题反馈给任课教师，促进教学改进。同时开展学生评教，每学期一般有 5000 多学生对 100 多门课程参与评价，有效保证了教学质量。

（案例来源：北京邮电大学）

四、加强在线资源建设

在线资源建设一直是高校继续教育工作的重点，尤其是网络教育充分

发挥其信息化优势，大力推进网络课程、微课和慕课(MOOC)等数字资源建设。同时各高校不断完善资源建设标准与规范，提高资源建设质量；并在此基础上探索校际、校企、校地等数字化学习资源共建共享新机制，推动优质资源面向校内和社会服务，进一步扩大了优质资源供给。

1. 推动在线资源建设

高校结合人才培养需求和专业学科特色，坚持服务于学生自主学习的理念，通过自主研发、合作开发、委托开发和购买引进等多种方式，邀请资深教授、学科专家、一线实践工作人员等，运用新技术、新理念、新思路建设了一批特色鲜明、教学效果良好、示范性强的在线资源，形成了精品课程、优质课程、普通课程、案例库和试题库等多类资源体系。部分高校如中国地质大学(武汉)设立课程建设专项经费，鼓励资源建设团队围绕课程的开发组织、内容设计、建设标准、制作技术及管理平台等方面开展相关的探索和研究，带动了在线资源建设整体水平的提高。对外经济贸易大学等部分高校统筹规划资源建设，兼顾继续教育与高等教育的教学需求，一定程度上实现了继续教育与高等教育资源的优化整合。尤其在传统教材的内容更新和形式改进方面，高校继续教育根据成人学习者特点，加强教学设计，呈现出直观性、针对性、立体化等特征，如内蒙古机电技术学院在传统教材改造上通过校企共同研发体现行业新技术、新工艺、新流程、新规范的课程教学内容和教学培训标准，编写和开发了符合生产实际和行业最新趋势的新型活页式、工作手册式教材。

案例15：创新体制机制，推进在线资源特色化建设

江南大学 专门成立教学资源建设部，依托学校学科和师资优势，联动教改科研，创新体制机制，实施“不断更新课件制作硬件

及学习推送方式，老课件及时更新，加强新型课件制作(微课、慕课、虚拟仿真课程)”三大举措，取得了良好的效果。同时加大投入更新技术，从三分屏课件录制技术到高清视频录播，再到现在的虚拟录播室，确保资源质量。建立资源建设项目论证机制和教师激励机制，鼓励开展优质资源的开发研究。坚持在线资源的特色化建设，2014 年开始继续教育与网络教育学院开展了学校双一流学科实践类课程虚拟仿真实验建设。截至 2020 年年底已建成食品科学与工程专业 8 门课程共计 102 个虚拟仿真实验。其中，“食品工艺学”课程获江苏省在线开放虚拟仿真实验教学项目的立项，并在首届“莱医特”杯生物和食品类虚拟仿真实验教学软件作品比赛中获奖。“无机及分析化学”课程(含虚拟仿真实验)获轻工业“十三五”数字化项目立项。建成的虚拟仿真实验应用于在线教育数千学生的远程实践教学，也应用于全日制学生实验学习的预习和巩固，主修、辅修、选修学生数每年有 800 多人，2019 年新冠肺炎疫情期间更是多达 1800 人次，得到了全校师生的一致好评。

(案例来源：江南大学)

案例 16：“码书码课”——创新资源开发新模式

华南师范大学 与基础教育专家、中小学教师以及清华大学出版社合作，在国内率先提出“码书码课”概念，并推动建设了一批“码书码课”，创新了教师培训资源的开发模式。“码书”就是富含二维码的书，“码书”中除了常规文字、图表外，还有大量二维码。通过一个个二维码实现了传统图书与视频、音频、网站等的链接，丰富了传统图书的内容，增强了图书的可读性和拓展性。与传统的资源相比，“码课”增加了“二维码资源、手机等智能终端、Wi-Fi

场景”三要素，学员可以通过扫二维码开始学习，实现线上线下相结合。《中国教师报》《南方都市报》等新闻媒体都对“码书码课”进行了报道。

（案例来源：华南师范大学）

2. 打造特色资源

高校继续教育关注国家战略布局和行业产业动向，根据经济社会发展需要和各类学习者的学习需求，充分发挥自身特色专业优势，打造了一批优质特色课程资源，包括标准化课程、工具性课程、社会培训课程以及创新创业类课程，为各级各类学校和社会学习者提供了适宜的、优质的专业学习资源，并积极推进优质资源向西部、农村、少数民族地区和城乡接合部输送，充分发挥了继续教育服务社会的学科专业支撑作用。例如，西南科技大学根据自身专业特色和地缘特点，大力推进以“小模块、小专题”素质教育课程为主的小学分课程视频教学资源建设，围绕学科发展动态或社会热点问题，打造了一批兼具趣味性和专业性的小学分课程。北京外国语大学网络教育学院研发的“教师智能教育素养提升平台”以“智能科技，创新教育”为指导理念，提供信息化教学理论、方法和实践的精品慕课，助推教师智能教育素养提升。

案例17：结合学科优势，打造普法特色资源

中国政法大学 结合学科优势，推动普法特色资源建设。截至2020年年底已形成民法典、法学基础、企业合规、知识产权系列等专题课程，总计4607课时(约3450小时)。同时学校积极联合社会权威媒体，开展公益普法项目。2020年学校与“学习强国”学习平台、人民网、法制网、CCTV社会与法频道、央视频等权威媒

体平台联合开展系列公益普法活动，例如，与人民网共建“普法教育公益大讲堂”、与“学习强国”学习平台筹建“领导干部法治教育大讲堂”，不断扩大学校法治教育辐射面和社会影响力。同时学校紧扣“如何快速把握民法典的理论要点，如何高效学习总则与各编的重要制度”的核心要义，以与五大权威媒体联合普及“民法典”活动为基础，进一步拓展课程内涵与外延，设计完成了“民法典”系列专题课程，构建较为完善的“民法典”网络普法课程体系。“民法典”系列专题课程在各个平台播放总量逾千万，反响十分热烈，五个讲座入选法制网全国“最受欢迎的十大民法典讲座”；普法活动入选2020年全国法学教育年度新闻。

（案例来源：中国政法大学）

3. 建立健全资源开发规范和模式

高校在资源建设过程中不断完善课程开发管理流程，加强对资源建设的过程管理。部分高校出台了校际交换、共建共享、课程改造及社会推广等方面的资源建设管理办法；同时各高校也积极推进继续教育教材标准化建设和管理，设定了教材建设标准和评价标准，尤其是加强对哲学社会科学类教材、引进教材的内容审查，确保为学生提供高质量纸质教材及电子化教材。

案例18：构建数字化资源精细化开发模式

华东师范大学 重视课程资源建设，强调个性化设计和可用性测试评价，严格资源建设质量监控，形成了本校资源精细化开发与管理模式。(1)在教学设计中将课程内容与学习支持紧密结合，更有效地支持学生学习。(2)聚焦实践课程建设，强调能力本位的课程设计理念，在课程内容中融入实践案例等资源，以例释理。(3)采用科学实验方法和工具软件测试典型用户与系统的互动体验来检验数字化资源的好用性和易用性。(4)形成成熟的录播、直播、全景虚拟摄像三种媒体技术开发流水线，能够满足“沉浸式、场景式、互动式”的数字化资源开发需求。学校已累计建设2000余门赢得良好口碑的网络课程，其中包括5门国家级网络精品课程、6门国家级精品资源共享课、1门国家级教师教育精品共享课、1门国家级线上金课。

(案例来源：华东师范大学)

五、发挥信息化支撑作用

信息化建设成为高校继续教育创新发展的重要支撑。各高校加大继续教育信息化建设资金投入，升级或改造信息化教学环境，打造集教学、学习、管理于一体的在线平台，并以此为基础，以人才培养和社会服务为目标，深化教育教学改革，创新教育服务模式，提高管理效能，促进信息化与教育过程的深度融合。

1. 以信息化推动在线教学环境建设

高校高度重视继续教育信息化建设，已经从最初的单系统应用、基础网络建设发展到数字化校园的应用集成，强调平台系统的集成与数据的互联互通。大多数高校建有教务管理系统、在线学习系统、视频会议系统等平台系统，重点对招生、报名入学、学籍管理、课程学习、实践实习、成绩管理、学位申请、答辩等业务流程进行结构优化，推动一站式、集成化信息服务模式，基本实现了学习、管理、资源存储、信息查询和师生交互的即时性和一体化。试点高校尤其注重网络宽带的升级改造，扩大无线网络的覆盖程度，提高服务器的存储容量与存取速度，接入教育网、电信、联通、移动等线路，形成多出口的高速互联网络。部分高校搭建专门的虚拟与实景录播室、智慧体验教室、3D高清虚拟演播室，有效保证了在线教学的正常进行以及优质教学资源建设。

案例19：发挥信息技术优势，推动技术与教学深度融合

西安电子科技大学 充分发挥学校在信息技术领域的学科专业优势，将人工智能、大数据以及区块链等新兴技术应用于教学环节，整合原有相对独立的系统，重新设计远程教育平台，开发了本科生、研究生、留学生和继续教育学生一体化的“人工智能＋”教育教学系统，支持10万人同时在线学习、在线考试，并能够记录学生的整个学习轨迹、管理人员的业务操作记录、控制教学过程的关键环节。2020年在线学习达319万人次，组织在线考试67万人次。学校重视信息化与教育教学深度融合，已建成以虚拟化技术为核心的远程教育云平台，采用公有云＋私有云混合模式，提供千兆互联网接入。为破解现代远程教育的教与学分离难题，利用“人工智能＋”技术，以教与学再度整合为目标，促进人人互动向人机互动教学过渡；通过“人工智能＋”在线学习、在线答疑、在线考试等功能，提高学生教学过程参与度、答疑的智能化和课程考核的可信度。对教学教务工作重要管理环节设置质量控制节点，利用“人工智能＋”技术加强质量保障。在招生入学和考试中利用3D人脸识别技术进行图像比对、利用深度学习技术进行笔迹比对等确认身份；在教务管理中利用机器学习技术，优化课程知识点和培养方案；毕业设计答辩环节引入视频监控与人脸识别技术，

有效保证了教学质量。

（案例来源：西安电子科技大学）

2. 以信息化推动人才培养方式改革

随着继续教育的信息化服务载体的不断更新，技术手段成了继续教育教学改革的重要内生驱动力。各高校充分利用信息技术创新教学模式，促进信息化与教育过程的深度融合，尤其是针对函授、业余等办学类型推进混合式教学改革。部分高校运用 VR、AR、云平台、融媒体等信息技术手段，建设融媒体式、实训实景式课程体系，如北京外国语大学 2019 年新上线“教师智能素养平台”，采用大数据与数据挖掘技术，设计学习监测、诊断与预警信息系统，实时掌握学情状态，定期开展精准辅学、助学与督学。受疫情影响，绝大多数高校利用新技术改革传统考试，启用网络在线机考和人脸识别与考试抓拍系统，在一定程度上实现了无纸化考试和试卷评阅。还有一些高校尝试搭建 5G 支持的 VR 沉浸式互动实验室，探索物联网、室联网在继续教育中的融合创新，建立实践实训模拟平台，模拟真实的工作情境，如曲靖医学高等专科高校已经建成药品生产 GMP 实训虚拟仿真平台、基础医学虚拟仿真实验 VMC－100 平台、“治趣”在线临床医学虚拟教学与培训平台等，极大地提高了继续教育教学的智能化水平。

案例 20：建立仿真实践基地，助力行业人才培养

辽宁石油化工大学 为提高学生工程实践能力和满足石油化工企业岗前培训需要，结合石油化工生产实际，建设了多学科交叉、多模块组合、多专业共享、多功能集成、多手段教学的石油化工产业链实物仿真实践教育基地。该基地以与生产现场一致的实体装置和操作员培训系统构建实际生产环境，以相关专业的理论知

识和职业操作规范为基础，在工厂化环境中完成工程能力提升和实践能力强化训练。基地包括六个实训平台：油气钻采仿真实训平台、油气集输仿真实训平台、石油加工仿真实训平台、石油化工仿真实训平台、精细化工仿真实训平台和智能仓储物流仿真实训平台，其以石油化工生产为主线，完整体现了油气钻采—油气集输—石油加工—石油化工—精细化工—智能仓储物流的石油行业实践教学链；实物仿真实训把虚拟仿真与真实装置有机结合，形成了“以工厂化对象为背景、石油化工产业链为依托、数字化高度仿真为核心、职业化规范操作为标准”的操作环境，实现了“专业链与产业链、课程内容与职业标准、教学过程与生产过程全面对接”。基地总建筑面积3400余平方米，可以同时容纳200名学员进行工程实践，每年可实训5000余人次。该基地建设有助于人才培养更好地实现专业链、人才链对接石油化工产业链、创新链，提升了对石油化工行业发展的服务能力。

（案例来源：辽宁石油化工大学）

3. 以信息化助力管理效能提升

互联网技术的深度发展和云技术的广泛应用，使海量数据的存储和共享成为现实，高校继续教育高度重视大数据对于管理效能提升的价值。部分高校开始尝试通过建设综合数据管理平台，加强数据安全防护等途径，对各业务系统数据进行整合。探索将教务管理、财务管理、学生工作管理、人事管理等引入大数据管理系统，运用信息化手段规范各项管理工作流程，实现基于统一数据标准的管理平台集成和整合，如国家开放大学对校务系统电脑端、应用软件等终端进行数据互动，实现基于微信的移动办公集成，极大地提升了管理效能。

案例 21：强化信息监管，形成全过程管理新模式

山东省 强化教育行政主管部门的监管责任和主办高校的主体责任，依托互联网、云计算、大数据等现代信息技术，建成“山东省高等学历继续教育监管平台”，面向学历继续教育主办高校、函授站(学习中心)和各地市教育局，形成了覆盖“省—市—校”三级、全方位全过程监管的工作模式。对教学站点的设置及其年检年报进行监控，并实时公开结果，主动接受社会监督，创新了政府主管部门对各办学机构办学行为与办学质量全程监管的新机制。同时通过“互联网＋监管”，山东省根据省内各高校办学实际，制定各高校高等学历继续教育年度招生计划指导意见，推动各高校规范招生工作、提高生源质量，实现了对省内外高校在山东省的学历继续教育监管，对于规范各高校招生行为具有重要作用。

(案例来源：山东省教育厅)

六、形成以学生为中心的学习支持服务体系

无论是早期的函授教育，还是现在大规模的网络教育，教师和学生都处于时空分离的状态，由于学生个人学习条件和自主学习能力的差异，学生在线学习过程中会产生各种问题与困难。这些问题不及时解决，会影响学生的学习进度，使其降低学习动机，并产生消极情绪。学习支持服务就是在教学时空分离情境下，在线教师团队响应和解决学生在学习中的需求和问题、确保学习顺利有序进行而提供的各类帮助与支持。其范畴十分广泛，小到提醒学生学习，大到部署整个课程学习工作，不仅包括解决学生

学习问题的学术辅导，还包括帮助学生应对情感、技术或自我管理等问题的非学术支持。“互联网＋”时代，各种智能终端支持下的在线学习更加灵活与开放，在线学习方式也更加多元化，这些对个性化的学习支持提出了更高的要求。各高校坚持以学生为中心，采用多种服务方式，提供导学、助学和促学等多类支持，响应学生个性化需求，优化学生的学习过程。

1. 开展多形式学习支持服务

各高校都建立了较为完善的学习支持服务体系，通过多种方式，如呼叫系统、热线电话、BBS论坛、QQ群、微信群等，向学生提供教学、教务等多方面的综合性支持服务，协助学生解决学习过程中的各种问题。同时各高校也充分发挥学习中心的服务功能，通过制度和机制建设，构建了办学高校和学习中心联动、线上线下全覆盖立体式学习支持服务网络，如中国民航大学建立“校、院、站”三级专兼职教学辅导团队和服务、管理体系，为学生提供在线或离线、实时和非实时的各类覆盖教学全过程的支持和管理服务。随着信息化建设的持续推进，高校将媒体技术、通信技术、大数据等充分运用在学习支持服务上，进一步丰富了学习支持服务的内容和方式。有的高校提供全程在线客服、教材自选配送、自助缴费、个性短信提醒等服务，为学生提供学习便利。有的高校组建了学习支持服务团队，以专业学习为主线，为学生提供一站式服务，有效保证了服务的连续性和有效性；大部分高校针对远程学习时空分离的特点，开设了不同形式的导学课程，为学生提供学习方法指导，引导新生适应在线学习模式，提升学生的自主学习能力。

案例22：健全支持服务体系，加大支持服务力度

大连理工大学 倡导“三个支持服务”的理念，将“学生支持服

务、学习支持服务和教学支持服务”作为学生实现自主学习的根本保障。(1)学生支持服务体系，当好学生的“贴心学习委员”：坚持主动服务、强化服务、细化服务，加大学务支持服务工作力度。利用400全国统一服务热线、QQ群、服务邮箱、短信平台、呼叫中心系统、企业QQ和企业微信等，为学生提供从招生咨询、教学教务、考试环节、学籍管理到毕业工作全方位的学务支持服务。(2)学习支持服务体系，做好学生的“个性化学习导师”：打造了一支教学经验丰富、综合素质过硬的专兼职教师队伍，围绕应用型人才培养的核心问题，从课程、作业、交流、考核及论文等方面实施全过程在线教学辅导。强化“双师型”师资队伍建设，搭建工程实践平台，组织专职教师寒暑假深入工厂、企业、设计院等进行工程实践，增强解决实际问题的能力，深入了解学生的工作和学习环境，从而为学生提供更贴近工程实际的指导。(3)教学支持服务体系，成为学生的“学习规划师”：以建设“人人皆学、处处能学、时时可学”的网络化管理体系为教学目标，强化学习过程。采用“线上＋线下”“理论＋实训”及“自主学习＋协作学习”多维度混合教学模式，保证学习质量。探索课程、导学、考试、论文等全系列、科学化、规范化的教学管理流程，提高学习效率。

(案例来源：大连理工大学)

案例23：应用信息化手段，提供多种支持服务

东北财经大学 提供多种形式、多种途径的学习支持服务，包括专业的呼叫中心平台、“东财在线”官方网站、东北财经大学网院微信公众号、“东财在线”微信公众号、辅导论坛、学生个人网络教室、语音答疑系统、教学教务平台、学习中心工作平台、课

件资源系统、题库系统、大数据可视化平台、咨询问题集 FAQ、学生手册等实现线上线下服务全渠道贯通，梳理学生从报名“入口”、在学期间学习“过程”，到毕业“出口”全过程关键节点，进行针对性的数据预警支持服务，确保入口生源质量、过程学习体验和效果以及出口毕业生质量。

（案例来源：东北财经大学）

2. 提升个性化支持服务能力

各高校坚持“以学生为中心”的基本理念，把对学习者持续关注和全面服务作为第一要义，为学生提供学习资源支持、学习过程支持、技术支持、情感支持等学术及非学术支持服务，涵盖了学习的不同阶段以及学习过程的不同方面。许多高校进一步发挥信息技术在个性化服务方面的优势，例如，根据学生的不同学习需求、学习方式偏好、学习经历等信息提供有针对性的支持服务，推送不同的学习计划和学习资源；有的高校会开展诊断性测试了解学生的知识背景，指导其补修相关课程。随着数据挖掘技术和学习分析技术的发展和应用，高校越来越注重基于学习过程数据的全过程监控和管理，尝试通过学生特征数据、交互数据、学习过程数据等分析，监测学生的学习状态，及时发现学生在课程学习中的需求与困难等，进而及时预警，并提供针对性的辅导与干预。例如，云南开放大学在 2018 年初步完成数据中心建设，基本实现了数据分析与数据利用，实现支持服务从粗放式向精准性、个性化模式发展。

案例 24：多措并举，提供全方位学习支持服务

陕西师范大学 充分利用信息技术，搭建了智能化学习支持服务保障环境，构建了信息化一站式综合支持服务体系，实现了智

能推送、教学引导、个性指导、多终端交互等服务功能。具体包括：(1)开设了在线客服、咨询电话、短信平台等多种服务途径满足学生多渠道咨询的需要；组织各学习中心建立班级管理制，帮助学生处理日常的个性化问题；建立学生调查问卷、质量反馈等渠道改进服务。(2)完善优化学生学习平台，引入了实时视频交互平台、研修社区、微信等主流交互手段，通过混合式教学、体验式学习及同伴引导等方式，提升了师生间、学生与学院间、学生间的互动和交流。(3)强化学习过程服务。每门课程都有学习指南，强化课程导学功能；针对学生学习薄弱的教学实践和统考环节，开设教学实践专栏、统考专栏，提供重点与深度的支持与服务；针对成人学习时间碎片化、泛在性等特征，开发了便携式辅助性学习资料“口袋书”，形成了由新生导学、口袋书、学习包及统考辅导等组成的立体化学习资源，助力学生自主学习，并根据学生的学习情况进行智能化资源推送。

(案例来源：陕西师范大学)

3. 构建高校继续教育学习支持服务体系

高校继续教育在长期办学实践过程中，逐渐形成了“高校—学习中心(函授站点)”服务模式。高校作为办学主体，承担专业和课程设置、招生录取、考试命题和评阅、论文答辩、毕业和学位申请资格审核等办学职责；学习中心作为高校办学的校外延伸，主要承担学习支持服务的功能。学习站点均实行属地管理，由举办继续教育的高校向学习中心所在地的省级教育行政部门进行信息报备，并接受监管、检查与评估。

远程教育试点初期，为推动远程教育多元快速健康发展，教育部批准了“奥鹏远程教育中心”“弘成教育”“知金教育”作为公共服务体系，联合有关高校开展“现代远程教育公共服务体系建设试点”项目，为68家试点高校网络教育提供教学教务、学生管理等支持与服务，形成了一体化的公共服务模式。各省纷纷效仿，加强省内学习支持服务的统筹规划和顶层设计，不断探索公共服务模式，逐步构建政府、行业企业、高校、校外学习中心等多方联动、共建共享、统一标准和管理的学习支持公共服务体系，营造开放性、全方位、立体化的学习环境，从制度、人员、机构、资源和信息技术等方面入手，为学习者提供“一体化”的终身学习支持服务，有效提升了公共服务能力。

案例 25：探索“互联网＋”区域性一体化继续教育共同体

安徽省 全力推进继续教育网络园区建设，逐步探索出一条“政府引领、高校联动、共建共享、规范有序、提质增效、信息技术支撑、全省高校继续教育集约发展和谐统一”的创新发展之路。一是构建区域性继续教育共同体，各类继续教育融合发展。搭建统一网络平台，以继续教育联盟和安徽省终身教育学分银行为载体，实现课程资源共享、学分互认互换、教学信息互通，形成园区、平台、联盟、银行和高校的“4＋N”共同体模式。二是探索“互联网＋”全民终身学习教育共建、共享、共生发展理念。形成省厅监管主体、园区服务主体、高校办学主体，园区共建、联盟共治、资源共享，信息互通、学分互认、成果互用的“三体三共三互”协同机制。三是打造“政府引领、高校联动、资源共享、规范有序”的全民终身学习教育融合发展新机制。安徽省教育厅相继出台项目规划、学分认定和转换、数字化学习支持服务中心建设标准等文件，成立园区管理运行机构，统筹推进园区建设，有力促成“一体化”终身学习支持服务体系。园区实现共建平台、共享资源、统一标准、统一管理，集约集群发展。截至 2020 年年底园区入驻高校及其他教育机构突破100所，建设网络教学资源41万条，视频26万讲，课程近1万门次，共享课程近7000门次。上线学习者57万人，教师布置在线作业4.8万份，学生在线提交作业1277万份，视频学习总时长超过3693万小时，总访问量近2.6亿人次。

（案例来源：安徽省教育厅）

案例26：探索区域与产业联合办学模式，构建多元服务体系

西南科技大学 发挥学校“区域与产业联合办学”体制特色，加强与社会各界的广泛和深层次合作，逐步探索出一种远程教育多元化发展的范式，构建了学校、地方、行业、相关领域科研院所、高职院校和其他教育机构广泛共建共享的“一主多元”继续教育服务体系。近年来，由西南科技大学主导，协同50个地方政府和行业管理部门、15个科研院所、30个大型企事业单位、9所联盟高校、50所高职高专院校、40个其他教育机构，形成了继续教育行业融合发展的多维继续教育服务系统，建立了132个校外学习中心和160个校外实训基地，遍布全国21个省、直辖市、自治区。同时，学校积极探索并推行立体化的远程混合教学，有效整合线上、线下教学资源，利用互联网、移动互联网技术和特色资源，采取线上授课、虚拟或实地实训、虚拟学习组织互动模拟、校外学习中心集中辅导等有机组合的教学形式，有效保障远程学习者的学习兴趣和学习成效。

（案例来源：西南科技大学）

七、稳步推进质量管理工作

教育部、各省市区教育主管部门以及各高校不断加强继续教育质量管理相关制度的建设工作，针对改革发展中遇到的新情况、新问题和新任务，修订旧制度、制定新制度，加强教学过程监管，完善质量管理机制，确保各项规章制度能够落到实处。

1. 完善质量管理机制

教育部及各省市区教育主管部门不断加强顶层规划与设计，完善高校继续教育的管理制度和措施，形成了年度报告、专项评估、专业评议与审批、学习中心（或函授站、学习站点）年检、学籍管理与信息化等制度，重点加强了对教学点、学习站点或函授站的监督管理，进一步规范了高校继续教育办学行为，如北京、山东、山西、江苏等省级教育行政机构通过组织专家评议、检查等手段强化对高等继续教育教学的监管，在监督过程中促进管理，推进高等继续教育有序发展。各高校根据学校实际，逐步完善了统筹管理和协调机制，实行了“党政一把手负总责，分管校长具体负责”的制度和原则。其中部分高校设置了继续教育归口管理职能部门，对学校组织与实施继续教育办学活动的院系进行统一归口管理，实现“管办分离”。绝大部分高校明确了继续教育机构承担的管理职责。

案例 27：强化监管评估，规范办学秩序

浙江省 加强监管评估，确保办学质量。一是健全考核机制。将继续教育纳入高校校长工作述职、高校办学业绩考核内容。对

教学点和函授站管理不善、投诉较多的高校，采取减招成教计划、暂停招生直至取缔招生资格。对发生严重的违规办学行为的高校，扣减学校的其他各类招生计划。二是完善监测体系。2019 年成立了浙江省终身教育研究与评价中心，重点开展高校继续教育监测评估工作，建立学历继续教育评估指标体系。三是研发“浙江省高等学历继续教育管理服务平台”，将主办高校在校外举办的函授教育、现代远程教育、开放教育所设立的校外站点全部纳入平台监测体系，全面加强浙江省域内高等学历继续教育的动态化管理与监测，实现以信息化促进教育管理的创新。

(案例来源：浙江省教育厅)

案例 28：建立联动监管机制，形成现代治理体系

辽宁省 教育厅对全省高等学历继续教育主办高校、函授教育辅导站和网络教育校外学习中心实施全方位、多层级监管，具体包括：(1)形成省教育厅、各市教育行政部门、主办高校各司其职、各负其责、相互配合、齐抓共管、职责明确的联动监管机制。对主办高校在招生计划、办学过程实施、教学点监管、学生服务等环节严格落实主体责任。(2)形成定期检查与不定期抽查相结合、日常检查与年度检查相结合的高等学历继续教育监管新模式，落实各市教育行政部门做好属地函授站和学习中心的监督检查。(3)建立了“辽宁省高等学历继续教育质量管理与服务平台”，将函授教育和网络教育日常监管以及年度检查工作包含其中，实现了对主办高校及其函授站(学习中心)全方位、多层级的“智慧”监管，逐步形成管办评分离的现代化继续教育治理体系。

(案例来源：辽宁省教育厅)

2. 建立质量管理体系

2018年教育部启动了高校继续教育发展年度报告工作，实行教育部、省级教育行政部门、学校三级报告制度，强化了高校继续教育责任主体意识，推动各高校建立和完善继续教育质量管理体系。高校在完善继续教育内部治理，加强质量管理体系建设方面也进行了积极探索，引入并建立了相关的质量保证体系和标准，例如，北京大学医学继续教育学院、南开大学、东北财经大学、中国石油大学(北京)等高校都采用了ISO 9001标准并获得认证。东北财经大学通过SSOC(系统自组织控制System Self-organizing Control)网络教育管理模式，形成了包括资源体系、技术体系、服务体系和质量体系一体化的现代化管理模式。同时为充分发挥社会监督作用，促使高校履行好办学主体责任，一些高校尝试引入了第三方教育评估，如湖南中医药大学、湖南科技学院等多所高校引入第三方评估，对学校继续教育的教学质量进行跟踪监测。四川大学、中国石油大学(华东)等高校继续教育学院建立了专门的质量管理办公室、专家检查组等，强化对继续教育教学的指导和监督。

案例29：建立质量保证体系，强化过程管理

四川大学 以高等教育教学质量为标准，坚持“办学规范、教学相长、服务优质、管理高效”的质量方针，努力建设全员参与、全过程监控、全方面覆盖继续教育教学质量评价与保障体系，以及与之相适应的质量标准、管理制度、工作流程和评估办法。成人继续教育学学院统一认识，把学历继续教育视为学校高等教育人才培养的组成部分，对标学校机构设立教学质量管理部，在政策宣传、信息传达、工作安排上与学校保持同步，工作上定期交

流。强化过程监督检查：严把入口关，确保生源质量；严控过程关，提升培养能力；严格出口关，抓实毕业环节。修订完善校外学习中心(站点)考核指标体系及评分细则等文件，坚持九年撰写质量报告。同时，学院将听课评课人员扩大到学院科级及以上干部，听课课堂覆盖学历教室、培训讲台、扶贫现场、在线课堂、网络课件，实现课程评价、学生评价线上线下同步。

（案例来源：四川大学）

案例30：建立“1＋3＋7”全面质量保证体系，持续提升教学质量

北京语言大学 坚持育人为本、质量为先的办学指导思想，在网络教育办学管理规范化、标准化、制度化、流程化的过程中，以人才培养规格与目标为核心要素，通过业务部门质量保证、办学管理与质量监控办公室质量控制和外部质量评价3个主体要素，以及领导质量意识与决策、质量文化、专业化教研、质量管理组织与机制、员工教学管理服务能力、技术支持和财政投入7个支撑要素，打造了内部质量保障与外部质量监控相结合的“1＋3＋7”全面质量保障体系，全面推进质量建设，实现高质量育人。内部质量保障通过建立并完善办学管理规章制度，优化办学流程、严格实施办学关键点审核、及时督导教师教学质量、综合评估学生学习效果等机制，明确从入口关、过程关到出口关的14个关键环节，建立了71个质量要点与标准、76项制度、82个关键审核点、68个流程，以及39条监控措施，形成贯穿教与学过程的内部质量保障管理闭环。外部质量监控通过引入学生评价、用人单位满意度调研、行业、媒体等第三方评价，接受多维度、多渠道的监督管

理与反馈，持续提升学校教学质量。

（案例来源：北京语言大学）

3. 强化办学环节监管

高校不断加强对招生、教学、考试、毕业等各个环节的管理，以确保办学质量。在招生环节，高校严格按照教育部备案的专业招生，统一招生简章、公开招生信息、杜绝虚假承诺；在教学环节，严格执行规章制度，规范教学管理；在考试环节，实行统一命题，引入人脸识别，坚持巡考制度等保证考试质量；在毕业环节，提高毕业要求、严格学位授予等保证培养质量。如北京大学、北京师范大学、四川大学、北京邮电大学等组建继续教育专项检查与教学督导队伍，强化对招生、教学组织、教学过程落实、考试、论文和毕业等各个环节的监管，并依据监督反馈结果，积极落实整改，确保办学质量。北京、山东、陕西等省级行政部门和高校加强对函授站、学习中心的检查力度，对办学条件达不到基本要求或教学管理混乱、教学质量低劣、有违规违法行为的教学点，分别采取限期整改、停止招生和撤销等处理措施。此外，高校继续教育机构定期开展学生和用人单位满意度调研，以了解其对高校继续教育人才培养质量的评价与反馈。监管评估手段也呈现多样化，包括年报、年检、走访调查、巡查、巡考、问卷调查与访谈等。同时越来越多的省份如浙江省、山东省、辽宁省、陕西省等重视质量监控与评估的数据化与信息化，尤其是通过数据赋能提升质量监管的准确性和有效性。

案例 31：依托专项检查，形成治理与管理北京特色

北京市 教育委员会于 2016—2018 年分别对现代远程教育试点高校和函授（夜大）在京办学（包括各类教学站）开展专项检查。具

体举措包括：(1)全面覆盖、不留盲区。(2)坚持问题导向，形成负面清单。对高校在学历继续教育办学中存在的突出问题进行梳理，指导督促高校进行自查整改。(3)阶段实施，有序推进。按照高校根据负面清单梳理自查、专家组进校检查质询和高校初步整改三个阶段开展工作，检查方式包括数据核准、档案资料抽查、学生访谈、教师及管理人员座谈、现场质询等多种形式。(4)体检定位，正向引导。专项检查定位为“工作体检”，没有采取简单的行政处理方式，而是结合负面清单，通过现场检查和集中反馈，与高校充分沟通，指出其办学存在的负面问题和隐患，引导、督促高校限期自查整改。经过不懈努力，北京专项检查初步实现北京高等继续教育“坚持立德树人方向、落实主体责任、依法依规办学、优化办学布局、净化发展环境、形成治理监管机制”的预期目标，形成了北京特色的高校继续教育治理与管理模式。

(案例来源：北京市教育委员会)

第四章

高校继续教育的主要社会贡献

一、深度对接产业升级和新技术发展对人才的需求

高校继续教育依托高水平特色专业群、国家级和省级专业技术人员继续教育基地，主动服务国家和区域重大发展战略，实施多层次、多样化的学历继续教育和专业技术培训，不断扩大高等教育覆盖面，提高人力资本水平。高校面向农业、制造业和现代服务业等国家战略性新兴产业和支柱产业，聚焦“高精尖缺”人才培养，与现代产业结构深度结合，持续推动产教融合，加强与行业企业合作，搭建协同育人平台，形成政行校企联动发展新机制；持续实施专业技术人才知识更新工程，深化复合型技术技能人才培养培训，全面开展以新理论、新知识、新技术、新方法为主要内容的知识更新继续教育，壮大高水平工程师和高技能人才队伍。高校继续教育还紧跟产业升级和行业变化需求，不断加大对产业工人、农民工等转移劳动力的培养培训力度，推动学历提升和技能提升同频共振，全面提升广大职工综合素质和业务能力。此外，面向司法、检查、公安等特殊行业开展法制教育和执法能力建设，服务依法治国对法治人才建设的需要。

1. 加强行业企业高素质技术技能人才培养

高校继续教育主动对接经济社会发展需求，着眼于产业结构迈向中高

端的时代要求，有效整合高校与行业企业的资源和优势，形成资源共享、协同发展的强大合力。立足产业实际，协同行业协会、职教集团、行业领军企业，以服务需求、锚定业务痛点为导向，创新人才培养模式，产学研创紧密结合，对接生产岗位能力、企业关键技术技能。武汉理工大学、江南造船集团职业技术学校、天津市建筑工程职工大学等具有鲜明行业特色的高校面向轨道交通、邮政、煤炭、旅游、水利、粮食、船舶、纺织等行业开展产业技术和职业技能培训，形成产业链、专业链、培养链、服务链融通的行企校研共建共育的人才供给方案，开通多层次技能人才成长通道，培养了一大批知识型、应用型和创新型“大国工匠”“能工巧匠”，为助力产业转型升级、企业业务增长和管理效能提升，推动经济社会高质量发展提供人才支撑。

案例 32：发挥学科优势，培育新时代铁路工匠

北京交通大学 为大力弘扬铁路工匠精神，助力实施工匠引领工程，充分发挥铁路行业学科优势，以技能人才工匠精神构念模型和铁路工匠能力素质基本模型作为理论依据，以工匠精神认知和传承为核心，以提高学员思想站位、开阔视野和把握创新形势为目标，精心设计专题研修班。课程体系包含工匠精神、思想意识、创新前沿、精益生产、团队引领和现场教学六大模块 28 讲内容。培训过程采取多种教学手段，邀请全国首批大国工匠“千年技艺掌帘人”周东红和“火箭心脏焊接人”高凤林走进课堂，引领学员多维度认知工匠精神，培育学员精细化管理工作思维，全方位、立体化提升学员综合能力，为铁路行业培养、打造和储备了一批懂创新、有格局、视野开阔、思想解放的新时代铁路工匠。

（案例来源：北京交通大学）

案例33："五对接、三评价、双主体"培训，助力企业"双提升"工程

陕西能源职业技术学院 紧跟煤炭行业发展步伐，助力现代化煤矿企业对分流职工岗位适应性提出的新要求，联合陕西彬长矿业集团实施"双提升"工程，通过"学历提升＋技能提升"两翼同频共振，创新校企合作新模式，全面提升广大职工综合素质和业务技能。学院积极构建"五对接、三评价、双主体"①人才培训模式，形成"职业素养＋模块化课程＋未来职业能力新要求"的培训课程体系。结合企业实际，瞄准职工素质、技能两大"短板"，科学制定技能人才培训的"彬长"方案，累计完成岗前培训、矿长培训等培训 37 086 人次。通过"双提升"工程对员工开展煤矿生产全岗位、全流程的知识和能力培训，提高了员工的技术技能和整体素质，为员工搭建技能人才成长通道，形成常态化运行模式并在全省煤炭企业员工培训中全面推广，为省域企业向智能开采转型升级和人员岗位调整提供了支撑，实现了学校、员工和企业三方共赢。

（案例来源：陕西能源职业技术学院）

案例34：创新培养模式，打造航海类人才培养基地

天津理工大学 以继续教育为载体，开展船员教育培训和航海类学历继续教育培养。(1)订单式培养。招生工作由船务公司按照

---

① 五对接、三评价、双主体：五对接指课程设置对接真实生产岗位、课程内容对接岗位能力要求、教学过程对接具体生产任务、实训设备对接真实采煤设备、能力培养对接企业关键技能；三评价指企业、学校、技能鉴定中心三方对学员的专业知识、技能水平、职业素养、综合能力进行评价；双主体指学校教师和企业导师两主体单位老师协同培养学生。

需要进行，学历教育和非学历教育由学校实施，开展脱产学习，实行半军事化管理，培养规格按照上级主管部门和海事局的要求进行，学生毕业后由船务公司统一安排就业。(2)学历继续教育和职业教育相结合。在实施学历继续教育的同时，充分考虑学生的未来职业发展，在培养方案中设定职业教育课程，学员在校期间参加海事局组织的海船船员适任证书考试。截至2020年年底，累计培训社会人员11 000多人次，培养航海类毕业生2000多人。人才培养辐射华北地区、东北地区等省市，为京津冀协同发展做出了贡献，成为华北地区重要的航海类人才培养基地。

(案例来源：天津理工大学)

2. 强化急需紧缺专业人才培训

围绕经济结构调整、高新技术产业发展和自主创新能力的提高，高校继续教育在装备制造、机器人等12个重点领域，持续实施专业技术人才知识更新工程，突出行业领域的新知识、新材料、新方法、新规范等领先技术。电子科技大学、湖南师范大学等高校搭建专业技术人员继续教育公需科目学习平台，开发人工智能、医疗健康、集成电路、量子信息、食品工程等领域的优质课程资源。上海交通大学开展智能城市建设、城市公共治理等方面急需紧缺人才培训，不断提升专业技术人员的知识结构，以便更好地利用大数据和人工智能等新兴信息技术；学校依托国家级专业技术人才继续教育基地，开展了急需紧缺人才培养培训和岗位培训58万人次，从2012年的3735人次增加到2019年的15.23万人次，大力提升了高校继续教育供给能力和服务水平。

2019年，《教育部办公厅等七部门关于教育支持社会服务产业发展　提高紧缺人才培养培训质量的意见》(教职成厅〔2019〕3号)印发，温州医科大学、遵义医药高等专科学校等不同类型的高校主动适应并支持社会服务产业发展，在民生地质、公共卫生、健康养老、家政服务、现代农业等社会紧缺领域，根据产业发展新岗位、新需求，完善学科专业体系，开展“学历证书＋若干职业技能等级证书”制度试点，创新技术技能人才培养培训模式和评价模式，提供多种渠道提升学历，扩大专业人才培养培训规模，为社会服务产业紧缺领域输送大批类型齐全，具有较高职业素养和专业能力的高素质人才队伍。中国地质大学(武汉)围绕工业地质、灾害地质、城市地质、新能源地质、农业地质五大方向开展民生地质培训，近年来，培训人数达3168人次，为福建、甘肃、青海、江西等地勘单位培养大量民生地质的复合型人才，提升了基层干部的科学防灾减灾意识和应急管理能力。

案例35：立足“三航”特色，
服务国防科技工业和地方经济社会发展

西北工业大学 充分发挥其在军民融合、网络信息安全(保密教育)、工业化转型升级、科技成果转化、国防和科技前沿(无人系统、先进材料、装备制造、信息技术、人工智能和大数据)等方面的专业优势，以知识更新、掌握先进技术、提升专业技术水平为主要内容，为急需紧缺专业人才提供优质高效的培训服务。学校立足“三航”(航空、航天、航海)特色，与军工企业集团共建平台，开展军民融合、保密教育和科技前沿等系列项目培训；面向全国各地企业及行业承办装备制造产业发展、航空发动机技术、无人机应用技术、制造技术和工业互联网与先进工艺技术等培训；面向试飞院、西航、西控和成飞等相关军工单位举办内审员培训。2018年以来，学校先后为政府机关、科研院所和行业企业等单位举办非学历教育培训160余班次，累计培训9800余人次，为高层次急需紧缺和骨干专业技术人才的知识更新提供了有力支撑，为

推动新时代国防科技工业和地方经济社会发展贡献了“西工大”力量。

(案例来源：西北工业大学)

案例36：多措并举，建设传染病防治专业队伍

北京大学医学部 为加强防治传染病培训工作，提高传染病规范化诊疗水平，进一步降低发病率，缓解卫生专业技术人员的工学矛盾，以线上教学模式开展医学部防治传染病专项培训项目。依托北大医学资源优势，由国内顶级专家组成，各专科传染病诊治和防控专家共同授课。培训涵盖法定传染病相关法律法规、工作策略及医疗机构法定传染病诊治技能等多个维度，采用远程学习形式进行教学，支持手机、电脑等多种终端学习，建立了学员之间、学员与专家之间流畅的沟通渠道。该项目先后为北京大学各附属医院提供9批次培训，累计培训学员29 755人次，全面提升了医疗机构管理人员和专业技术人员法定传染病管理与防治能力。

(案例来源：北京大学医学部)

案例37：启动“生态学人e行动计划”，培养林草行业紧缺人才

北京林业大学 密切关注国家生态文明建设对人才培养的需求，联合东北林业大学、西北农林科技大学、中国花卉协会等100余家单位启动“生态学人e行动计划”，在成员单位内推广“高校＋职业院校＋林区”“高校＋职业院校＋林业企业”“高校＋职业院校＋林业基层单位”“高校＋职业院校＋林农”等多种合作模式，整合

联盟内林业高校、职业院校、企事业单位相关教学和生产实践资源，组织建设一大批林区改革和建设急需的学习资源，搭建林业继续教育网络资源共享平台，促进林业院校继续教育网络化，提升林业院校继续教育服务国家生态文明和社会发展的能力。“生态学人 e 行动计划”自启动以来平均每年为国有林区培训中层以上干部、专业技术人员近万名；近 4 年来完成 4000 余名林业员工的学历提升。同时学校依托学科优势，积极探索与林业企业建立人才长效培养机制，例如，与内蒙古森工集团合作，分层分类为内蒙古大兴安岭国有林管理局干部及业务骨干进行培训。自 2013 年开始每年培训 2000 余人次，提升一线关键岗位职工履职的专业知识和技能，在林草行业形成了校企合作模式的示范效应。

（案例来源：北京林业大学）

3. 增加转移劳动力就业技能培训供给

加快提升产业工人、农民工等劳动者综合素质和技能水平，壮大技能劳动者队伍，是应对产业机构升级和供给侧结构性改革的有效举措。高校继续教育面向农村转移就业人员、新生代农民工、城乡富余劳动力、新型产业工人开展学历继续教育与就业技能培训、职业技术技能培训，培养了大批高素质技能劳动者。甘肃省高校大力实施农民工职业技能提升计划，开展城乡富余劳动力转移就业创业培训和劳务品牌培训，年培训规模达到 20 余万人次，有效促进转移就业。新疆医科大学派驻新疆和田地区墨玉县深度扶贫村专干 138 人，将“贫困家庭劳动力转移就业”作为攻坚重点，挖掘梳理出 1000 余个就业岗位，举办烹饪学习、普通话学习、法律法规及专业技能培训，一揽子免费解决衣食住行难题。目前，墨玉县 588 名贫困家庭劳动力在学校及各附属医院的保洁、安保、餐饮、供暖、绿化种植、后勤维修、医院护工等岗位上实现了长期稳定就业。

自2016年以来，高校进一步推进教育部与中华全国总工会发起的“求学圆梦行动”。北京、广东、天津等地高校，如北京大学、中山大学、华南理工大学、华南师范大学、对外经济贸易大学、北京外国语大学、华中科技大学、天津大学、西南交通大学、电子科技大学、浙江大学、西北工业大学、中国石油大学(华东)、中国传媒大学以及国家开放大学，与各地教育行政部门、工会部门紧密配合，统筹整合优质资源，大力发展面向产业工人、农民工、在岗职工的学历教育和非学历教育培训。注重与行业企业合作办学，以科技、文化素质和岗位技能为培训内容，共建各类多媒体数字学习资源，努力提升产业工人及农民工学历层次和技术技能水平，促进职工终身学习和职业生涯发展，实现体面劳动，满足经济社会发展和行业结构调整对人才的多样化需求。据不完全统计，截至2019年年底，全国共有566所高校、1644所教育培训机构等参与行动计划，共开展学历继续教育29万人次，非学历培训238万人次。

案例38：“校企双主体、工学一体化”开展农民工“求学圆梦行动”计划

福建开放大学 自2017年以来受福建省总工会、福建省教育厅委托，在全省范围系统实施农民工“求学圆梦行动”学历提升计划。学校成立了专业的项目管理团队，开发福建省农民工“求学圆梦行动”公共服务平台。截至2021年5月，招收本、专科学员共计25 000多人(约占全省70%)，毕业学生近12 000人(约占全省75%)，已发放补助3533.8万元(约占全省73%)。行动计划由省总工会与省教育厅共同出资，每个学生补助3000元。学校针对企业转型升级所需的技能型人才和在职农民工特点，采取“校企双主体、工学一体化”方式，与企业共同制定人才培养方案、教学计划

和课程体系，采取线上线下混合式教学，线上完成基本理论教学，线下开展面授和实践教学，并辅以移动学习、微课推送、课堂直播、送教上门以及校企互动实训等。企业选派中高层领导、技术人员、技师担任兼职教师，参与到教学改革、专业实践等培养全过程。学校不断创新机制，积极探索了产教融合、校企合作、工学结合的具有“二元制”特征的农民工“求学圆梦行动”人才培养模式，取得了良好成效。人民网、中国网、人民政协网、东南网、《工人日报》《中国青年报》等先后报道，对提升农民工学历层次、技能水平及文化素质，畅通农民工发展上升通道发挥了积极作用。

（案例来源：福建开放大学）

案例 39：提升自我，圆梦南航

南开大学 联合中国民航工会全国委员会，在民航系统内部开展“民航职工圆梦大学”计划，依托南开大学优质教育资源，设立南方数据科学研究院学习中心南航圆梦项目教学点，开展“提升自我，圆梦南航”职工素质工程学历提升计划，帮助职工利用业余时间在不脱产、不离岗的情况下实现学历提升。同时，为项目学员开展思政公开课面授讲座以及管理类课程专题面授讲座，提供送教上门服务。截至 2021 年 3 月，南航集团累计 2106 名职工参加了“南开大学远程教育南航圆梦项目”，其中 619 人毕业，97 人获得成人学士学位。“南开大学远程教育南航圆梦项目”有效解决了行业学员因距离远及工作时间特殊造成的考试不便问题，为行业生源提供了优质服务，为国家民航系统员工的学历及素质提升贡献了力量。

（案例来源：南开大学）

二、持续助推精准扶贫和乡村振兴

全国高校以全面打好脱贫攻坚战为着力点，激发人才和科技的强大内生动力，充分发挥服务社会功能，加强省校、校地、校企、校校合作，借助信息化技术手段，开展线上线下多种方式推进继续教育，为乡村振兴培育各级各类实用人才。尤其面向欠发达地区和民族地区，重点实施服务“三农”的专题培训，提升农民素质和专业技能，培养适合现代农业发展和新农村建设要求的新型职业农民，培育农业农村发展新动能；深入贫困地区一线，加强扎根基层的干部培训，汇聚多方力量，帮助贫困地区打造新产业和经济增长点，延伸产业链，为拓展农业功能、发展新型业态等提供智力支持；持续开展教育对口支援，瞄准深度贫困及农村地区精准发力，助力区域师资队伍建设，为持续推进乡村振兴打下坚实基础。

1. 培育“三农”发展新动能

培养知农爱农新型人才，激发现有乡村人才活力是推进乡村全面振兴、加快农业农村现代化的关键。全国高校继续教育聚焦“三农”发展问题的重大需求，充分发挥涉农学科专业和优质资源的优势，依托现代农业技术培训基地和实践教学基地，推动现代生物技术、信息技术等新兴科技与农业农村发展深度融合，通过校校合作、校企合作开展教育互联互通、“学历教育＋职业鉴定＋技能培训”三轮并驱，采取“送教下乡”“绿色惠农”“驻村帮扶”等多种形式，发挥高端人才引领作用，推进本土化人才培育力度。打造以“农”为特色，符合新产业和经济增长点的培养培训体系，满足多层次、多样化的人才培养需求。例如，海南省创办脱贫致富电视夜校，采用“电视夜校＋服务热线＋钉钉管理＋线下培训”新型模式，即每周一晚上 8 点至 9

点由海南电视台播出一个专题，专题学习之后由帮扶干部组织讨论或延续学习半小时以上，技术性的问题由夜校组织专家到田间地头解决，同时开通服务热线，形成了独具特色的“扶贫政策普及＋致富技术讲解＋特色产业展示＋市县扶贫经验交流＋典型宣传和感恩教育”的课程体系，线上线下助农致富。开办至今，共开展电视课堂教学182期，累计9976万人次收看，全省有502万人参与学习，贫困户劳动力平均参学率达到96.20％。共计为5000多名贫困群众提供几万个就业岗位，助农销售产品累计超过10万斤，开展线下培训42次，培训人员2100多人。西北农林科技大学立足西北，辐射全国，专门成立农民发展学院，培养大批新型职业农民、农业生产技术和农业农村经营人才以及农村基层干部，年均培训人数达7.8万余人次，多类型、立体式、全方位为乡村振兴提供人才和智力服务，成为培育“三农”发展新动能加速器。浙江开放大学建立了以农村发展需求为导向的“学历＋非学历＋创业”人才培养模式和“互联网＋党建＋思政”育人新模式；充分利用完善的省、市、县三级系统办学体制，将教学点拓展到乡镇和农村文化大礼堂，实现农民“在家门口上大学”的愿望，培养了一批“有文化、懂技术、善经营、能创业”的农民大学生；截至2020年年底建立农民大学生培养试点单位57个，开设涉农专业11个，共招收涉农专业农民大学生84 817人，开展各级各类农民培训357万人次，获省级教学成果奖一等奖。江西农业大学立足江西农业产业特点和农村实际，精准培养高素质职业农民，坚持“不离乡土、不误农时、工学结合、因需施教、分段集中、统一培养”的人才培养基本思路，以“学得好、用得上、留得住、带得动”为人才培养目标，坚持“两个延伸”（大学教育向田间地头延伸、向学员创新创业一线延伸）服务学员创业。截至2020年年底累计培养学员18 739人，涵盖专科、本科、专硕三个层次，毕业学员95％以上扎根农村，共培养村两委干部9182人，致富带头人6933人。

案例40：培育“三农”人才，助力乡村振兴

中国农业大学 围绕“乡村振兴 脱贫攻坚”主题，对各培训主体分类培训，构建贯通式人才培训体系。针对乡村产业发展、美丽乡村建设、乡村治理、乡风文明等重点工作，面向农业农村管理干部、农业企业负责人、新型经营主体负责人、农技推广人员、农业经理人、新型职业农民等群体提供权威性、实用性的教育培训课程，为各类人员的知识更新和素质提升提供多种形式的优质教育服务。学校聚焦乡村振兴，精心设计培训方案，开发十大特色主题培训项目及百余门培训精品课程；紧盯行业发展，与知名互联网企业合作培育农村电商人才；助力完成脱贫攻坚，开展“立体式”结对帮扶，提升贫困地区自我发展新动能；强化训后跟踪，支持培训成果落地生效。近年来，学校举办163期不同类型的培训班，培训“三农”领域各类人才14 749人，服务于全国17个省、直辖市、自治区，200余个县市的乡村振兴农业实用人才培训需求，加快了乡村产业升级转型，全力推动乡村振兴战略实施。

（案例来源：中国农业大学）

案例41：集聚培训综合资源，服务乡村振兴战略

扬州大学 按照现代农业全产业链发展要求，将多学科的综合优势与农科类的特色优势转化为服务乡村人才振兴的竞争优势与行动优势，围绕现代农畜产品绿色优质高效生产技术、现代农畜产品一二三产业融合发展与品牌塑造、现代农业生产与美丽乡村融合发展方向，建立了省、县、乡、高素质农民四级人才培训协

同互动模式，合理布局校外农业科研成果示范推广基地40多个，积极打造“一主多元”全产业链的现场观摩实践基地。2019年，围绕乡村振兴战略先后实施了智慧农业、新型职业农民、新型农业经营主体带头人、现代青年农场主、农村人居环境整治、现代畜牧业发展、基层动物防疫、农机合作社带头人、乡镇水利站长，以及农村基层干部能力提升培训，完成培训项目96期，培训规模13 051人次，覆盖江苏、青海、宁夏、湖北、安徽、江西等10多个省份，为促进地方产业振兴和人才振兴、加快农业科技成果的转化推广应用、推进地方农业高质量发展均做出了积极贡献。

（案例来源：扬州大学）

案例42：实施“现代青年农场主培养计划”，助力农业建设

吉林大学 契合国家乡村振兴战略，发挥学校学科门类齐全优势，积极落实农业农村部、教育部、共青团中央组织实施的“现代青年农场主培养计划”，开展新型职业农民、现代青年农场主培训项目。学校坚持学以致用的原则，将学员自身发展需要和产业发展需要相结合，科学设置了农业政策法规、创业实践、农产品品牌建设、生态循环农业、互联网＋农业、管理思维与创新、农业项目规划与策划等当下前沿、热点的理论和实践课程，通过培训指导、创业孵化、政策扶持和跟踪服务等系列培育，打造一支创业能力强、技术水平高、带动作用大的青年农场主队伍。5年来，累计培养了4批学员，累计培训50 000人次，在人才培养和储备方面为推动吉林省农业发展做出了较大贡献，为高校服务于农业建设起到了示范作用。

（案例来源：吉林大学）

2. 提升农村基层干部培训实效

随着乡村振兴战略的不断推进，各类新业态、新产业不断涌现，对基层扶贫攻坚干部的能力要求日益多样化，特别是对农村基层干部队伍建设提出了新的要求。高校继续教育注重扶贫同扶志、扶智相结合，依托网络教育、函授站、继续教育基地，积极主动面向贫困地区基层党政领导干部、基层党务工作者、基层组织负责人、扶贫战线干部实施学历提升工程，开展农业科研、教育、推广服务等专业技术培训，培养农村实用人才带头人、新型职业农民、农业科技推广人才、农村专业服务型人才，加强农业农村人才队伍建设，增强其精准扶贫、精准脱贫的能力。部分高校依托教育资源优势和远程教育技术能力，搭建远程学习平台，加强基层干部培训力度。清华大学在全国1100余个县建立教育扶贫远程教学站，构建覆盖国家级贫困县、革命老区、边疆少数民族地区的教育扶贫网络平台，将卫星直播和雨课堂在线教学平台相结合，将在线教学课程有效融入地方干部培训和教学计划，丰富完善了地方干部教育资源，有力提升了基层干部干事创业的劲头和能力，为当地常态化、持续开展各类人才培训提供了重要保障。广州市广播电视大学开展“羊城村官上大学”工程，累计培养1万余名基层干部；云南开放大学实施“云南省村(社区)干部能力素质和学历水平提升行动计划”，累计招收1.5万余名村(社区)干部学员，为农村基层培养造就一支懂农业、爱农村、爱农民的“三农”工作队伍，培养培训人数和服务覆盖面进一步扩大，为持续推进新农村建设提供了人才支撑。

案例43：成立乡长学院，培育乡村振兴领军人才

北京师范大学 积极响应乡村振兴战略，依托中共中央组织部“全国干部教育培训高校基地——北京师范大学基地”成立乡长

学院。以新时代乡村振兴中核心基层基础力量——乡镇长和新农民为服务对象，全面启动“北师大新时代乡村振兴领军人才——乡镇长培训工程”。培训采用名师主讲、朋辈交流、理论教学、实践观摩等八大模式，邀请国家部委农业农村领域政策制定专家、高校经济领域专家、优秀基层干部等围绕农业农村政策解读、新型城镇化建设、产业融合与发展，推动基层治理与管理创新等一系列问题进行深入解读，共同把握农业农村改革新动向，探索基层乡镇建设、新型城镇化等的新策略、新路径，从单一的课堂学习转变为提供一体化的学习解决方案，注重将学习成果转化为工作实践，进而激发学员学习力和创造力。2020 年面向来自陕西、山东、黑龙江、湖南、广东等全国 12 个省份的 68 名乡镇长提供专题培训，为新时代乡村振兴培养高素质的乡村优秀管理人才。

（案例来源：北京师范大学）

案例 44：“一村一名大学生计划”助力乡村振兴

国家开放大学 为实现农民大学生的本地化培养，打造引领农村各项事业发展和社会进步的高素质人才队伍，实施“一村一名大学生计划”（以下简称“一村一”）。各地开放大学与地方政府之间建立协同机制，链接地域经济发展需要，开展技能培训与创业教育，将“一村一”与“农村基层党建工程”“新型职业农民培育”“精准扶贫”“美丽乡村建设”等项目以及各种技能培训、文化建设等实现对接，创新人才培养模式，加强教学的针对性、实效性。针对农民大学生对教育资源的特色需求，加强资源建设与整合共享，扩大优质丰富、有用易学的学习资源供给，为“一村一”项目运行提供支撑。截至 2020 年年底，全国 29 个省份的 1513 个学习中心参与了项目实施，累计开设29个专、本科专业(方向)，招生836 272人，培养毕业生552 085人。通过实施“一村一”项目，为新农村建设培养了一大批“留得住、用得上、懂技术、会管理”的高素质实用人才，优化了农村基层干部队伍，加强了农村基层组织建设，带动了农民创业致富，推动了农村产业结构转型升级。

(案例来源：国家开放大学)

3. 助力贫困、农村地区教师队伍建设

抓好教育作为精准扶贫战略实施的根本之计，在脱贫攻坚中发挥着精准性、基础性、先导性作用。加强贫困地区优质师资队伍建设，是阻断贫困代际传递、推进教育精准扶贫的重要举措。全国高校特别是师范院校，积极响应国家西部大开发、乡村振兴战略，优先深度贫困地区，不断加强中西部边远地区、民族地区、革命老区的师资培训，以“国培”项目、区域扶贫项目、教育公益项目为抓手，分类实施乡村教师和农村骨干教师教学技能及信息化能力提升培训、音体美等紧缺学科教师培训、边远贫困地区农村校长队伍的整体素质和办校治校能力提升培训等专题培训。通过结对帮扶、“送培到家”、定制培训、网络研修、工作坊实操等多种形式，提高培训的针对性和有效性。高校继续教育整合校内外优质资源，充分发挥信息技术在帮扶和提升当地教师及学校教育信息化水平的重要作用，探索形成“科学引领、精准对接、凝聚合力、创新模式、全程指导”的实践模式，推进教育扶贫实施更有深度、有广度、有效果，进而提升贫困地区和农村的教育质量。

案例45：“五位一体”教育精准扶贫实践模式探索

南通大学 发挥教师教育领域优质教育资源优势，以国家扶贫

开发工作重点县和集中连片特困地区为对象，帮助贫困地区开展教师培训，大力实施中西部乡村教师支持计划，探索形成了“五位一体”教育精准扶贫实践模式，即科学引领、精准对接、凝聚合力、创新模式、全程指导。2019 年，南通大学精准对接山西省、江西省和重庆市教育部门，开发针对性、个性化的贫困地区教师培训课程，完成几乎覆盖全学科领域的乡村教师培训。南通大学充分利用江苏的教育优势，整合资源，搭建教育扶贫平台，在扶贫地区选取理念先进、经验丰富、质量一流、特色鲜明的学校作为实践基地，形成以能力培训为核心，以实践培训为导向的教师培训文化；建立定期跟踪指导机制，利用远程教育平台和现代教育技术手段，采取课题合作研究的形式，为实现教育精准扶贫提供了宝贵的实践经验。

（案例来源：南通大学）

案例 46：探索“互联网＋教育扶贫”模式，助力受援地区教师专业成长

首都师范大学 积极响应党和国家关于教育脱贫攻坚的号召，主动承接并开展了多项教育对口支援和区域合作项目，成立京疆学院并承担教育援疆工作；同时充分发挥党建引领，将思想政治教育、职业道德爱国主义教育融入扶贫支援项目的全过程；深入开展“互联网＋教育扶贫”的实践探索，在扩大教育资源向受援地区辐射的基础上，利用“双优云桥”等平台，开展国家通用语言文字提升和教育教学能力专项培训，在新冠肺炎疫情期间创造性地开展教育援疆“云培训”“云跟岗”。学校通过素养提升计划、跟岗培训项目、课堂观摩点评等方式线上线下相互结合，完成教育扶

贫支援任务 146 项，培训干部教师 54 000 余人。“十三五”期间，高质量完成“新疆中小学少数民族骨干教师培训”等省部级扶贫和支援项目 20 个，直接惠及新、蒙、鄂、豫、黑等地 3000 余人，切实提高了受援地区干部教师的专业技能，强化了参训学员的家国情怀和责任意识，有效帮助受援地破解教育难题，带动了受援地区教育教学发展水平整体提升。

（案例来源：首都师范大学）

三、积极助力区域经济社会高质量发展

高校继续教育依托高校学科、师资和科研等资源优势，积极发挥高校人才培养、科学研究和社会服务的功能，主动适应和服务国家京津冀一体化协同发展、粤港澳大湾区建设、长三角区域一体化建设等重大经济发展战略，积极对接经济结构调整、产业转型升级对创新性、应用型人才的需求，通过搭建研讨交流平台、组织实施高端专业培训、共享共建公共教育课程资源、协同推动基地建设等方式，持续扩大继续教育服务面，打造区域教育发展和人才培养高地，为国家重大战略部署提供人才保障，服务区域经济社会发展。

1. 服务京津冀协同发展

为更好顺应时代发展趋势，打造现代化新型首都圈，形成京津冀协同发展新格局，京津冀高校充分发挥北京作为政治经济文化中心的优势、天津先进制造业聚集和北方国际航运中心的优势、河北全国现代商贸物流重要基地和产业转型升级试验区等区位和资源优势，推动区域协同一体化发展。北京科技大学、北京工业大学、北京工商大学、首都医科大学、天津

工业大学、天津理工大学、河北大学、河北科技大学、河北工业大学等京津冀地方高校通过共建共享培训基地，组织成立高校继续教育联盟，着力实施建筑、医疗、教育等领域的专业化培训，为综合改革试验区建设提供智力支持，提升京津冀协同发展和区域治理能力，大力推动产业结构优化升级和公共服务共建共享，加快市场一体化进程，努力实现创新驱动发展，区域间优势互补，良性互动，支撑京津冀一体化协同发展所需的人才队伍建设。

案例 47：京津冀西学中高层次人才培养机制探索

北京中医药大学 与北京市中医管理局、天津市卫生健康委员会和河北省中医药管理局联合签订“西学中骨干人才培养协议”，建立“京津冀西学中人才培训基地”，组织开展高层次西学中人才培养工作。北京、天津、河北中医药管理部门采用三地联合的形式，紧密结合国家京津冀发展战略，创新管理机制，采用四方联合培养机制，充分利用高校优质中医药教育资源，针对京津冀地区遴选出的优秀西医学员开展为期三年的系统中医药理论学习，通过中医药理论培训、临床进修实践、跟师临证学习等培训活动，提升学员的中医文化素养、思维方法和临证能力，增强运用中医药防病治病水平，运用和发挥中医药的特色和优势，在临床工作中传承创新中西医结合的优势技术和方法理念，为京津冀地区培养一批有中医思维、能较好地掌握中医药理论与方法具有较强临床诊疗能力的西学中骨干人才。

（案例来源：北京中医药大学）

案例 48：建立京津冀产学研联盟，服务京津冀一体化战略

北京林业大学 牵头成立“京津冀产学研联盟”，以“创新驱动、合作共赢”为目标，整合京津冀地区高校、科研机构的科技创新资源和地区产业优势，引导和支持创新要素集聚，扶持和促进科技成果向现实生产力转化、形成三方共建共享机制，促进京津冀协同发展。学校发挥在生态环境保护方面的独特优势，加强与京津冀地区在生态环境保护、产业升级转化方面的协同发展；积极参与雄安新区规划和生态建设促进绿色发展，在河北雄县建立北京林业大学生态研究院，开展园林花卉产业技术等系列培训，提升京津冀生态环境保护从业人员素质；广泛开展京津冀森林火灾防范与处置培训和演练，提高京津冀联合处置、扑救森林火灾的实战能力，参与人数达千余人；精准实施乡村振兴专题培训，与北京市园林绿化局合作培训 200 余名林业职业经理人。学校多措并举地将林业生态领域等方面人才培养、培训的优质资源覆盖至京津冀地区，加快推进京津冀地区优质生态建设。

（案例来源：北京林业大学）

2. 服务粤港澳大湾区建设

粤港澳大湾区高校深入贯彻落实习近平总书记关于粤港澳大湾区建设的重要论述，充分利用自身优势，按照国家的统一部署，把《粤港澳大湾区发展规划纲要》的“宏伟蓝图”细化为“施工图”，加快建成“实景图”，以钉钉子精神扎实推进粤港澳大湾区建设各项工作向纵深发展。高校继续教育积极对接粤港澳大湾区建设需求，深化内地与港澳地区的交流与合作，以干部培训、教育工作者培训、医务工作者培训、服务业从业人员培训等为抓

手，围绕广东、香港、澳门等地区社会发展实际需求，坚持职前职后一体化发展路径，注重创新技能型、实用型人才培养，搭建人才交流平台，打造南方教育新高地。例如，中山大学、华南理工大学围绕粤港澳大湾区和广东金融强省的建设，利用学校经济学、工商管理、计算机、网络信息以及人工智能等学科优势，深化校企合作，建设银校合作平台——华南理工大学建行学院(建行大学大湾区金融创新学院)，在粤港澳大湾区科技金融发展、粤港澳大湾区产业金融发展、绿色金融、普惠金融、人工智能与银行业发展等方面大力开展非学历教育培训，有效整合技术、人才和资金创新链条，推动金融创新与科技创新相结合，切实为金融服务实体经济和产业升级提供智力支持，全方位支撑和引领粤港澳大湾区建设和发展。

案例 49：一体两翼，助力粤港澳大湾区融合发展

北京师范大学 积极响应国家政策，服务粤港澳大湾区建设，大力推动珠海园区及广东省中小学教师发展中心建设，通过“省校合作、融合发展”，构建教师教育职前职后一体化发展路径，积极探索建立师范院校—市、县(区)教育局—学校共同推动中小学教师发展的工作机制，充分发挥师范院校的主体作用，打造南方教育新高地，以“师德＋”教师教育为引领，以名师培养和区域基础教育质量整体提升为抓手，以高质量项目实施为载体，融通学历继续教育与非学历教师培训资源，积极推动职前培养和职后培训的有机衔接。学校成功举办了台湾中小学校长高级研修班暨两岸中小学校长高峰论坛、“香港幼稚园领袖专业培训课程研习班”、教育部“万人计划”——香港与内地高校师生交流夏令营活动等，吸引大量港澳师生共同参加，促进了粤港澳在文化教育等方面的交流与沟通；承办了台商学校教师教学管理研修班，讲授中国传统

文化、祖国大陆基础教育课程改革、大陆对台政策、德育与公民教育等，为海峡两岸基础教育交流提供了有力支撑。

（案例来源：北京师范大学）

案例 50：共建粤港澳大湾区研究院，助力区域人才培养

中央财经大学 积极响应国家“一带一路”倡议及服务粤港澳大湾区建设发展，以经济管理领域理论研究、政策咨询、高端人才培养和金融科技产业孵化为重点，与广州市人民政府、广州开发区管委会合作共建粤港澳大湾区(黄埔)研究院。研究院采用“项目带学生”的模式，立足国际前沿、聚焦产业创新、服务粤港澳大湾区人才需求，承接相关研究方向的硕士和博士研究生的实习实训、创新创业教育，并开设高级管理人员培训项目(EDP)等非学历培训项目。此外，研究院充分发挥产业孵化功能，建立科技成果转化投融资服务平台和财经中介服务平台，为园区企业提供企业成长、管理咨询、财务会计、税务、投融资顾问、财经法律等方面的服务。2019 年以来，开展面向粤港澳大湾区的高端培训 20 余班次，培训学员近 1000 人，为粤港澳大湾区经济社会发展提供了强有力的智力和人才支持。

（案例来源：中央财经大学）

3. 服务长三角一体化发展

长三角区域高校积极响应《长江三角洲区域一体化发展规划纲要》要求，加快建设现代化经济体系，着力推动形成区域协调发展新格局，着力推进更高水平协同开放，着力创新一体化发展体制机制。为适应新一轮科技革命和产业变革，利用长三角地区高校合作机制，华东师范大学、同济大学、

河海大学、中国矿业大学、浙江大学、浙江工业大学等高校主动面向区域、行业、企业，加快人才培养模式创新，深化产教研融合，开展多领域、多形式、多层次的专业技术培训等继续教育服务，为区域一体化战略实施培养实用型人才和技术骨干，夯实创新发展的人才基础，完善区域协同发展机制，推动长三角高质量一体化发展。

案例51：聚焦长三角一体化发展，服务区域创新驱动战略

复旦大学 充分发挥地处上海的区位优势和学科师资优势，针对创新发展需求，以上海、浙江、江苏和安徽“三省一市”产业发展为重点，大力开展领导干部、经营管理人员和技术人员履行岗位职责所需的新理论、新知识、新技能、新信息等专题培训。采用线上线下相结合的多样化教学方式，充分利用上海国际化大都市丰富的现场教学资源，让学员可看、可学、可借鉴，学有所得、学有所获。2018—2020 年面向长三角地区“三省一市”共开展 655 个教育培训项目，参加培训的学员有 42 716 人，有效提升了区域人才新发展格局、新知识和技能，开阔了其国际化视野，在服务长三角地区经济社会发展方面发挥了重要作用。

（案例来源：复旦大学）

案例52：融入区域协同创新体系，服务地方经济转型升级

苏州大学 探索和搭建专业技术人员继续教育基地学习平台——“培训基础云平台”，通过“自建＋购买＋交换＋租用”的方式，不断在特色专业课程、职业技能课程、职业素养课程领域进行储备，形成了具有学校特色的网络培训课程群。同时以市场导

向、地方政府需求、企事业单位需求为主体，紧密结合创新驱动发展战略，在新能源、新材料产业，在高端装备制造、现代服务业、科技创新等方面开展高端培训。2019年开展了“英才名匠”产业人才专项培训，围绕四个新兴产业方向培训了400余名先进制造业领军企业家及技术骨干；举办姑苏区“强企圆梦”服务品牌启动仪式及“校企同行”系列活动，打造产学研合作交流平台，开办企业家沙龙3期并成功组织产业人才专场招聘会。

（案例来源：苏州大学）

案例53：建设机器人实训基地，培育智能制造人才

江苏工程职业技术学院 为积极响应《中国制造2025南通实施纲要》，做特、做大机器人新兴产业，建设长三角北翼先进制造业基地，与南通市人力资源和社会保障局合作共建“南通市工业机器人公共实训基地”，以工业机器人基地建设为抓手，打造高水平智能制造专业群，开设工业机器人操作与基础编程、工业机器人机械维护、工业机器人电气系统维护、工业机器人典型行业应用、工业机器人软件应用五大类培训项目，项目由浅入深，内容丰富，包括操作、编程、机械、电气、集成应用、软件应用等方面，适合不同基础和学历层次的学员学习。自2017年以来，完成3392人次本科学生、大专学生、职业院校师资、国外师资和企业技术人员工业机器人应用项目培训，为上汽大众、SK海力士半导体(中国)有限公司、上海华力微电子有限公司、南京夏普、创斯达集团等长三角知名制造企业输送智能制造人才300多名，有力支持了区域智能制造产业的发展。

（案例来源：江苏工程职业技术学院）

四、推动共建"一带一路"国际合作

高校继续教育不断拓宽思路，突破创新，坚持"引进来"和"走出去"双向提升、双向发展，通过锚定需求，创新探索合作模式，精准设计培训方案，不断加大人才培养规模和行业种类，为"一带一路"沿线各国经济社会发展以及"一带一路"建设提供人才和智力支撑。同时，注重加强优质资源的引进与利用，服务国内人才培养和企业"走出去"。人才培养的层次更丰富，行业领域更广泛，育人形式更多样，文化输出与交流更频繁，形成了有特色、成体系、有规模、有品牌的办学模式。

1. 跨国共育行业领域人才

各高校紧跟国家发展战略需要，充分利用国际化办学优势，积极融入"一带一路"倡议，契合"一带一路"沿线国家经济社会发展需求，基础设施建设、产能合作及城市综合开发治理对技能提升的需要，通过开展国际化合作办学、建立职业技能培训中心等平台，开展多行业、多领域、多层次的专业技术培训，培养了大批国际商务及财经领域官员、双边经贸合作骨干力量、行业企业发展急需的外语类人才以及交通轨道、石化、钻井、汽车开发等领域国际化和本土化技术技能人才，发挥了高校继续教育在"一带一路"教育共同行动中的人才智力支撑作用，促进"一带一路"倡议下各领域合作不断深入，实现多方共赢共享发展。例如，上海电力大学服务企业人才需求，与印度尼西亚卡拉旺大学、山东丽能电力股份公司、印尼电力职业教育鉴定机构四方共建首个海外国际电力人才培训基地——中印尼国际能源电力技术人才培养基地，开展电力企业紧缺人才订单培训和仿真实习实训，参与培训的学员遍布印度尼西亚、波兰、巴基斯坦、蒙古国、老挝、缅甸、俄罗斯、马来西亚、孟加拉国、尼泊尔、越南等20多个国家，累计达400余人；天津铁道职业技术学院深化国际院校合作、校企合作，推进海外“鲁班工坊”建设；湖南铁路科技职业技术学院开展铁路行业国际技能培训，帮助企业实现人才培养“本地化”，为轨道交通行业海外发展提供坚实的人才支持。

案例54：开展跨境远程教育，培养“一带一路”国际化本土人才

北京语言大学 积极响应“一带一路”倡议，依托本校汉语国际教育特色和优势，以“非学历教育”为抓手，以“满足海外需求”为导向，重点面向“一带一路”沿线国家和地区开展跨境远程汉语国际教育和中华文化传播。网络教育学院围绕“会说汉语、了解中国、支持中国发展”的国际化人才培养目标，建设完善汉语国际教育专门平台，设计开发多类型课程资源，升级优化“跨境云课堂”远程教学模式，形成了以“汉语教学、中华文化教学和国际汉语教师培训项目”为中心的办学体系。近年来，网络教育学院不断完善体系化的通用课程，积极开发差异化的特色课程，成功推出了远程商务汉语培训、跨境校际学分课程、尔雅中文网络课程、当代中国国情与文化课程、国际汉语教师培训等一系列品牌项目，并且与泰国、印尼、巴基斯坦、乌拉圭、西班牙等国家的40多家机构建立了远程教育交流合作关系。截至2020年年底，累计培训海外学员7000多人次，分布在90多个国家和地区。许多学员通过在线学习提高了汉语水平、加深了对当代中国的认识，在中文教学、语言服务、国际经贸等行业领域为推动所在国与中国的交流合作发挥着积极作用。

（案例来源：北京语言大学）

案例 55：发挥国际化办学特色，培育经贸合作人才

对外经济贸易大学 主动响应“一带一路”倡议，为实现“高水平对外开放”，构建国际经贸与商务培训、精准扶贫培训、“一带一路”沿线国家国际经贸与商务官员培训、外语培训和艺术培训“五位一体”的培训平台，批量培训国际经贸与商务干部、“一带一路”沿线国家国际经贸与商务官员，坚持分领域、分层次、分地区的综合培训和专项培训相结合，开展综合素质能力综合培训和“双边、多边自贸区协定谈判技能”等专项培训。创新“全流程服务”机制，以精细化管理促专业化发展，建立了从需求分析、目标量化、教学设计、师资匹配到效果评估的全流程精细化、标准化培训管理模式，形成了国际经贸与商务培训高端化和“一带一路”沿线国家国际经贸与商务官员培训特色化相互融合、相互促进、共同发展的局面。近年来共举办 114 期高端商务培训，共计培训 7027 人次，完成 33 期来自非洲及“一带一路”国家的 829 名高级官员培训，培养了大批知华友华政府官员。

（案例来源：对外经济贸易大学）

2. 共建联盟基地的交流机制

高校继续教育为进一步深化教育对外开放，加强了与沿线国家和地区的人才交流与合作，培训了专门的技术人才，开展了教育、医疗、旅游、智库等领域的人文交流。陕西、云南、广西等区域高校发挥地缘优势，推动建立特色教育联盟，如“一带一路”职教联盟、“一带一路”沿线国家高校女校长联盟、中国—中东欧职业教育国际联盟、泰中教育联盟（TCEA）等，借助国际职业技能培训基地、海外人才培训中心等平台，共同探索构建国

际化创新人才培养培训机制，助推“一带一路”人才体系和师资队伍建设。此外，通过组织开展国际文化交流日和文化周，举办行业论坛等不同形式的文化与学术交流活动，加强与“一带一路”沿线国家文化交流，彰显地域特色，促进教育对外开放。西藏民族大学与自治区外事办合作，连续三年举办尼泊尔青年干部研修班，共培训尼泊尔党政和社会团体青年干部28位，增进了中尼两国间的沟通和联系，深化了中尼两国间的合作和友谊，为南亚大通道建设、环喜马拉雅经济合作带建设做出了重要贡献。

案例56：发挥联盟合作优势，共育轨道交通人才

西南交通大学 积极服务于“一带一路”倡议和“交通强国”国家战略，不断推动“轨道交通职业教育联盟”和“‘一带一路’铁路国际人才教育联盟”的建设，成功搭建了共同服务“一带一路”的国际人才教育培训平台，创新实践轨道交通国际人才培养体制机制。近年来，先后在肯尼亚、埃塞俄比亚、老挝开展38个覆盖铁路车务段、机务段、工务段、电务段、车辆段5个部门近20个工种的培训班，为蒙内铁路、亚吉铁路、中老铁路培养了1520名急需的一线专业技术人员，助力当地铁路发展。同时，为加强国际培训师资力量建设，举办“欧洲职业教育考察暨双语教学培训班”，得到国内轨道交通职业院校的积极响应和参与，培训开阔了教师的国际化视野，提高了教师涉外事务管理水平及双语教学能力。

（案例来源：西南交通大学）

案例57：建立中国—东盟边境职业技能培训合作模式

广西职业技术学院 依托特色专业，利用地缘优势，有针对性

地面向东盟国家开展当地特色产业的专业技术人员培训，启动建设了六大海外项目，例如，与广西金穗集团合作在东盟国家实施了香蕉种植替代项目；与柬埔寨朗禾农业有限公司开展“芒果果汁工艺技术及工厂布局”技术交流和培训，提供工厂设计和生产工艺调试等专业技术服务。同时，加强与东盟国家高职院校的合作，积极推进与泰国等国家的高职院校合作办学，采用课程互认、学分互换、师资培养等合作模式，联合培养“区域国际化、应用性、开放型”的复合人才，为中国—东盟的共同发展助力。

（案例来源：广西职业技术学院）

五、主动承担服务全民终身学习的责任

高校继续教育作为终身教育体系构建的中坚力量，充分发挥办学条件和在线教育优势，完善终身学习体系，建设学习型社会。各高校利用自身人才、技术、资源、科研和办学特色的优势，通过建立高校社区联盟、终身学习共同体等形式，探索多元协同构建全民终身学习的新模式。利用信息技术开发互联网学习平台和移动终端，积极参与社区教育和老年教育，面向残疾人、军转干部、退伍军人、妇联组织和妇女等重点群体提供继续教育服务，构建网络化、数字化、个性化、终身化的教育体系，建设“人人皆学、处处能学、时时可学”的学习型社会，加强专业研究与成果应用，保障全民享有终身学习的机会。

1. 大力推广社区教育

高校继续教育秉持服务地方、开放办学的理念，充分释放继续教育的功能属性，积极践行继续教育在构建全民终身学习的教育体系和全面提高

国民素质方面的作用，发挥专业特色，助力社区教育的开展。天津、广东等地高校，如天津南开区职工大学、天津广播电视大学、广州开放大学等整合校内课程和师资，利用信息技术等手段为社区培训提供系统资源和平台，加大优质教育资源供给，提升服务能力。坚持以群众需求为导向，以居民和学生参与为动力，通过项目化运作，在社区自治能力培养、特殊群体服务、生态环境保护、社会和谐稳定等多个服务领域开展工作，推进社区教育的多元性、公益性、社会性发展。

2014 年，在教育部的推动指导和全国高校现代远程教育协作组组织下，70 多所高校联合倡议并成立了“高校继续教育数字化学习资源开放与在线教育联盟”，面向社区各类群体开放健康养生、家庭教育、早期青少年教育、职业技能、创业就业、农业科技、传统文化、公民素养等 10 多个门类，共 485 个学习资源，开设了涵盖职业技能培训、继续教育、特殊教育、健康和价值观教育等 683 个微课程，提高了全国社区教育信息化服务水平。天津市率先推动“京津冀”社区教育联盟，创新优质资源共享、共管、共建模式。天津大学远程与继续教育学院打造天津市全民智慧学习平台，开设院士讲坛、人工智能讲坛、党建课堂等品牌栏目，为天津市民打造一座没有围墙的“北洋大学堂”。目前，已上线 400 门名师在线课程、200 多万本电子图书、16 万集学术视频资源。上海开放大学积极推动学历教育、非学历教育和社区教育的课程资源共享。2019 年，推出的“开大有课”在移动互联网平台阿基米德上线播出，搭建全市社区教育资源交流展示平台，汇聚各类优质资源。目前有数字课程 254 门、资源 3860 个，实体资源(图书、光盘、市民学习体验卡等)77 种，全年配送实体资源将近 5 万个、数字资源 66 352 个。其中，“我爱汉字美”“家风家教家训”和“乐学书画”3 门共计 40 个优质课程视频资源，作为教育部“网上社区教育大讲堂”的课程资源向全国推广。

案例 58：打造五级办学网络，实现线上线下“学习圈”

宁夏职业技术学院(宁夏开放大学) 整合教育资源和其他社会资源，服务社区居民学习，逐步打造纵向到底、横向到边的社区教育五级办学网络，为社区内不同年龄层次、不同文化程度、不同收入水平的居民提供多样化的教育服务，成为宁夏社区教育的主要阵地。同时根据宁夏“互联网＋教育”建设规划，学院利用互联网技术，建成了覆盖城乡、开放便捷的社区教育数字化公共服务门户网站“宁夏开放教育学习网”，已累计向全区社区居民提供各类学习资源 30 000 余门次，为全面提升社区居民学历教育、非学历教育提供了便捷的信息化服务，基本形成了覆盖宁夏全区的线上线下“学习圈”，构筑了区域终身学习“立交桥”，打造了“人人皆学、处处能学、时时可学”的数字化全民终身学习环境。

[案例来源：宁夏职业技术学院(宁夏开放大学)]

案例 59：探索“3＋2”社区教育特色发展模式，形成社区教育体系

湖北开放大学 构建“3＋2”湖北特色社区教育发展模式，推进示范引领全省社区教育工作。学校成立湖北省社区教育指导中心，以覆盖全省的三级社区教育指导中心为基础，加强职能和功能建设，建成“三中心、一示范、一平台”——各级社区教育指导中心、社区教育师资培训中心、教学课程资源创作中心，一个示范学院，一个数据平台，进一步凝聚了系统的组织力量，迅速构建起全省社区教育体系，实现了学历教育和非学历教育的融合发展。学校

坚持资源共建共享，打造全省社区教育数据平台，利用一个数据库、一套服务器，实施分级分权限运行管理，省、市、县三级互联互通，现建有省级平台1个，市州级平台17个，区县级平台42个，课程资源5000余个，上线以来访问量已突破百万人次，有效推动了湖北社区教育高质量发展。

（案例来源：湖北开放大学）

案例60："需求导向、层次差异"构建社区教育新模式

九江职业技术学院 与濂溪区政府合作共建濂溪社区学院，五年来，经过不断地探索和教育实践，学院构建了"社区学院—街道(乡镇)社区学校—社区书院—移动书架"四级教育网络，为社区内的家庭困难儿童、就业困难居民、社交困难老人三类"困难群体"量身定制了三种"需求导向、层次差异"的课程体系，汇集高校教师、企业名师、学生志愿者等教育服务力量，帮助困难群体以学解困，破解教育难、就业难、社交难的问题。学院创新社区教育模式，开设"乐学濂溪 "公益课堂，切实帮助居民解决假期儿童教育难题，同时，开发社区教育品牌项目，走出了一条九职特色的社区教育服务之路。濂溪社区被评为"省级社区教育示范区"。学院开发建设的3个社区教育项目荣获"全国终身学习品牌项目"。

（案例来源：九江职业技术学院）

2. 积极发展老年教育

发展老年教育是积极应对人口老龄化、满足老年人多样化学习需求、提升老年人生活品质、促进社会和谐的重要举措。山东、辽宁、云南等地高校、各级开放大学和广播电视大学积极开展老年教育，从课程资源、师

资力量等方面对省级老年大学给予有力支持。西安交通大学、云南师范大学、华南理工大学等高校筹建“老年大学”并配备独立的办学场地，实施高水平老年教育活动。学校探索“混合多元、学养结合”的老年教育模式，通过搭建信息技术网络平台和移动学习端，采用实体办班与网络教学相结合、线上自主学习与线下体验学习相结合的模式，为各地开展老年教育发展规划和办学体系建设提供智慧与支撑。高校还尝试开展老年继续教育学历培训，积极开展老年本、专科学历教育，帮助老年人实现梦想，积极推动老年教育事业发展。例如，安徽广播电视大学构建老年远程教育在线学习课堂，扩大老年远程教育优质资源供给，通过自建、共建、引进等多种方式已初步建成安徽老年远程教育数字化学习资源库，重点开发了一批深受老年人喜爱的种植、养殖、老年慢性病防治、农村医疗卫生等服务“三农”的特色课程；北京市朝阳社区学院开启银龄学习计划，面向区域内的老龄人口开展一系列支持平台建设工作，设置银龄课堂，涵盖“夕阳圆梦计划”、兴趣类短期培训学习、文化传承与推广学习和社团活动学习。学校积极发挥区级老年教育的价值引领与行动示范，满足区域内中老年群体日益增长的学习需求和对美好生活向往的需求，开通老年人“再社会化”的通道。

案例 61：“混合多元、学养结合”的老年教育模式探索与实践

广东开放大学 依托“粤港澳大湾区老年教育研究基地”，为满足老年人求知需求，在全省设立了 40 余所老年大学分校，以广东终身学习网作为基础平台，建设混合多元办学网络；构建覆盖全省城乡的资源供给链，实现优质资源实时输送全省城乡社区；建设涉老人才培养基地，建设部级、省级涉老品牌专业和职教资源库，培养涉老服务复合型人才；建成养教结合云平台，截至 2020 年年底居家养老用户有 250 万户，已提供有效服务 6600 多万人次。

学院在多年实践探索的基础上形成了“混合多元、学养结合”的老年教育模式，为推动老年教育发展提供了广东方案。

(案例来源：广东开放大学)

案例62：打造老年教育直属班，引领老年教育发展

山东开放大学 成立国家开放大学(山东)老年开放大学，举办老年教育直属班。借助“山东终身学习在线”和“山东老年学习在线”的1.2万余个教育资源，利用老年教育体验中心，线上线下并举开展老年教育。学校积极和山东省老年大学等老年教育机构签订战略合作协议，建立师资共享机制，建立老年教育师资库，吸纳各类专家人才作为兼职教师。学校先后投入300多万元，配置先进的教学设备，建成老年教育体验中心，尊重学员差异，因材施教，调动学习积极性。迄今为止，老年教育直属班先后开设了智能手机应用、计算机、声乐、书法、摄影、绘画、英语7个专业，累计培训1000多人次。老年教育直属班的实践创新和经验做法，为全省电大系统大力开展老年教育试点起到了“试验田”和“示范田”的作用。

(案例来源：山东开放大学)

3. 面向残疾人及残疾人就业服务人员开展继续教育服务

高校继续教育认真贯彻落实《国务院关于加快推进残疾人小康进程的意见》(国发〔2015〕7号)、《“十三五”加快残疾人小康进程规划纲要》(国发〔2016〕47号)、《关于加快发展残疾人职业教育的若干意见》(教职成〔2018〕5号)文件精神，结合区域经济社会发展需求，推进行业指导，校企合作，进一步完善适合残疾人群体的专业体系、课程体系、实践基地和师资队伍，

加快发展残疾人高等职业教育。清华大学、北京师范大学、华南师范大学、国家开放大学等各类院校加大职业技能培训力度，面向城乡各类残疾群众及残疾人就业服务人员开展多样化的实用技能培训和就业创业培训服务。清华大学和中国残疾人就业培训技术资源中心合作开展全国残疾人就业指导员培训项目，充分利用现代远程教育，建立了一个将"在线学习""互动交流""资源分享"等模式充分融合的学习交流平台，提高残疾人就业指导员培训的整体质量和水平，有效地为各类残障人士提供专业的就业指导服务；国家开放大学成立残疾人教育学院，充分利用全国电大系统的教育资源和残联系统的政策优势，为全国残疾人及残疾人工作者提供高等本科、专科学历继续教育和非学历继续教育，目前有 35 个教学点，累计招生 19 476 人。学校鼓励残疾人接受继续教育，增强自身素质和职业能力，更广泛深入参与社会，促进多渠道就业，保障残疾人平等权益，促进教育公平。

案例 63：推动职业技能培训体系建设，助力残疾人就业创业

成都工贸职业技术学院 大力推进残疾人职业技能培训体系建设，与成都市残疾人联合会携手签订"助残双创"工程战略合作协议，积极助推残疾人融入"创业天府"行动，共建"成都市残疾人双创孵化基地"和"成都市残疾人职业培训基地"。同时建立具有成都特色的"政校企"助残帮困平台，面向残疾人群体开展职业技能培训、岗位技能提升培训以及职业技能竞赛等项目。根据残疾人的特点和现代科技发展的新要求，与京东等企业深度合作，共同组建专业培训团队，开展近 500 人次的助残培训项目，培训内容涵盖人工智能未来格局及发展、智能岗位认知与现状、智能服务关键技术与运用等课程。技能培训、创业培训同步开展，切实提高了残疾人就业创业能力，百余名残疾人掌握直播等网络营销技巧成

功创业。同时，建立“成都市残疾人技能竞赛平台”和“残疾人创新创业路演平台”，开展全市性职业技能竞赛、残疾人创新创业路演竞赛活动、双创项目发布活动，展示残疾人技能特长、创新创业成果，鼓励和引导残疾人提升技能和创新创业热情。

（案例来源：成都工贸职业技术学院）

4. 面向军人群体开展继续教育服务

探索开展军转干部进高校专项培训，是军队干部和地方干部队伍融合发展的重要保障，更是推动军转安置工作改革发展的重要举措。高校继续教育深入贯彻习近平强军思想，落实《国务院关于推行终身职业技能培训制度的意见》(国发〔2018〕11 号)、《军事职业教育改革实施方案》等文件中对军转干部、现役军人、退伍军人等军人群体安置工作的指示精神，围绕军队战斗力建设需求，以提升职业能力和职业素养为核心，分领域、分类别、分层次开展在岗继续教育，构建完善的军队人员终身教育体系。清华大学、北京理工大学、天津大学、郑州大学、西北工业大学、厦门大学、福建师范大学等高校创新线上线下结合的人才培养方式，开展学历教育和多层次、多样化的专题培训，对现役军人和士兵开展职业素养和职业能力培训，对即将退役的军人开展退役前技能储备培训和职业指导，对退役军人开展就业技能培训。高校的这些举措推进了军事人员现代化，提升了军人群体专业素质和岗位能力，提供了择岗、就业创业、终身学习的有效渠道，促进了军队人才向地方经济社会建设人才转变。北京理工大学根据军队和军工企业的实际需要，合作开展继续教育的国防科技专业技术人员和现役军人达到 2 万余人次，有效提升了军人的战斗力、军工企业人员的职业能力以及文化素质。温州大学按照“按需施教、注重能力、学以致用”的原则，成立“军转干部进高校”专项工作小组，采取“融入课堂教学”与“独立专题教学”相结合的培养模式，并制定“一人一课表”“一人双导师”的教学机制，帮助军转干部实现从部队到地方的身份转变，系统提升军转干部综合管理能力。

案例 64：聚合军地教育资源，服务军地两用人才

清华大学 充分发挥学科专业的综合优势，聚合军地教育资源，依托“全国军队转业干部教育培训基地”，成立“军地两用人才培训中心”，面向部队、退役军人开展特色培训。一是创新教学理念。贯彻终身学习理念，充分调研培训对象需求，着力打造现役军人、退役军人人才培养体系。二是创新教学模式。建立“三面融合、五维一体”①模式，将军事能力与经验同职业生涯所需能力与经验进行贯通融合、线上与线下相融合、大数据统计支持与评估闭环管理相融合贯穿整个教学设计。通过智慧学习、定制学习、标杆学习、混合学习、终身学习，构建退役军人学习生态圈。三是创新课程体系。构建分类别、多层次、全覆盖的现役与退役军人人才培养路径，设置分层分类培养目标，在国内培训项目中，率先创建了系统课程体系，累计建设了 1000 余学时的高质量录播课程。学校累计举办涉军领域培训项目 160 余个，培训人数 11 万余人。通过多形式搭建合作交流平台，逐渐探索“政、军、企、学、研、产”多方联动的人才培养模式，为军地人才培养、资源对接、产教研融合与社会服务提供创新经验，在助力新时代现役军人及退役军人能力培养方面取得了良好的社会效益。

（案例来源：清华大学）

① 三面融合、五维一体：三面融合指军事能力与经验同职业生涯所需能力进行贯通融合、线上与线下相融合、大数据统计支持与评估闭环管理相融合；五维一体指通过智慧学习、定制学习、标杆学习、混合学习、终身学习，构建退役军人学习生态圈。

案例65：发扬"亮舰"精神，开创智力拥军

徐州工程学院 充分发挥自身人才培养和技术创新优势，创新"智力拥军、送学上舰"的人才培养方案，自2016年开始，启动"徐州舰"学历提升项目。一是结合官兵文化水平现状，探索实践军民融合、校舰合作"一对接三融合"军地两用人才培养模式，构建线上线下结合的混合式培养方式和部队院校联合培养的双导师培养模式，实现学历教育与技能提升的融合。二是开发官兵学历提升远程教育平台，设计一套集教务、教学、学习、管理、测评为一体的教学平台，提供完善的远程教学和教学管理的应用解决方案。三是创新舰上教学模式，设计适用于海军"徐州舰"移动互联网环境下的课堂互动教学模式，制定符合军队官兵特色的教学质量监控体系和评价机制。通过"学历教育＋继续教育"并驾齐驱的办学模式，累计培养236名大学生。受益于学历层次和实践技能的显著提升，42名获得晋升，9名立功，62名作为骨干输送至其他舰，11名官兵退役后获得了满意的工作。海军"徐州舰"学历提升班创新了新时代"双拥"工作的新模式，为推动军民融合深度发展提供了有力支撑。

（案例来源：徐州工程学院）

案例66：共建联盟，助力军转干部创业就业

西安交通大学 以国家需要为己任，与陕西省退役军人事务厅共建"退役军人教育培训联盟"。依托高校、职业院校、技工学校、中介组织、社会团体、企业等机构优质教学培训资源，整合全社

会力量，助力退役军人就业创业。学校积极承建陕西省退役军人就业创业教育培训平台，全面整合、盘活资源，汇聚优质教育培训、就业创业资源，形成服务退役军人就业创业的强大阵容和专业团队；树立就业核心导向，加大人才定向培养，提高退役军人的就业率；量身定制培训菜单，积极采取“订单式”“定向式”“定岗式”的教育培训模式，畅通转岗大通道，发挥品牌培训机构、重点企业、金融机构等对接高质量就业岗位、支持创业的优势。通过针对性辅导和培训，提升退役军人创新创业能力，共同推动退役军人教育、培训、就业创业工作有机结合，形成“以实现高质量充分就业为牵引，教育培训、服务管理同向发力”的工作格局，开创了新时代退役军人就业创业工作新局面。

（案例来源：西安交通大学）

5. 面向妇联组织及妇女群体开展继续教育服务

高校继续教育积极开展妇女教育培训，加强与基层妇女干部学校、行业协会、地方所属事业单位和社会团体合作，面向各级妇联组织、党政管理、基层管理建设等领域妇女工作者，特别是贫困地区和少数民族地区基层妇女干部、农村妇女等妇女群众，开展学历教育和各类职业培训，因地制宜定制专业，开设女性特色课程，加强新时代女性能力建设与素质提升，提升创业就业能力，在产业扶贫和防止返贫方面发挥了重要作用。同时，聚焦服务国家战略，服务国家总体外交，发展涉外妇女干部培训工作，促进中国妇女对外交流，扩大中国女性教育的国际影响力。

案例 67：启动“母亲素养教育”工程，助力母亲素养提升

宁波大学 为提升母亲的思想道德素养、科学文化素养、身心

健康素养和科学教子素养，与宁波市妇联联合启动“母亲素养教育工程”，积极探索帮助母亲群体从“自然母亲”到“合格母亲”进而成为“智慧母亲”的有效途径。项目利用政府出资、妇联评估的方式，与各级女子学院举办培训，分阶段、分重点地对子女在18周岁以下的母亲群体开展继续教育活动。以母亲的思想道德素养、科学文化素养、卫生健康素养和科学教子素养等八大素养为教学内容，以市、县、镇、村四级女子学院(或成人学校)为教学组织网络，以线上与线下、面授与自学、热线咨询与个案面询为教学形式，由专家学者和热心家庭教育的志愿者、教子有方的优秀家长等共同组成师资团队，经过十多年的实践探索，已经成为“有组织、有计划、有经费、有队伍、有阵地、有制度”的系统教育工程，举办各类公开讲座3万余场，参训母亲高达150万多人次，以母亲的文明带动家庭的文明，促进社会和谐。

(案例来源：宁波大学)

案例68：实施“全国妇联基层妇联领头雁培训计划”，服务妇女群体

中华女子学院 深入实施“全国妇联基层妇联领头雁培训计划”，加大对基层妇联主席、副主席和执行委员骨干培训力度。学校根据全国妇联工作要求，结合妇女工作的实际需要，精心设置培训内容，在脱贫攻坚、乡村振兴、党性教育、提升干部能力方面设置具有针对性、时效性和可操作性强的课程。同时为服务长三角一体化国家战略，依托地方妇联组织，开展跨地域培训，举办包括上海、江苏、浙江、安徽在内的长三角地区县级妇联主席培训班。通过实施“全国妇联基层妇联领头雁培训计划”，进一步

增强基层村(居)妇联组织的凝聚力和战斗力，强化身份意识、组织认同、履职能力，将妇女干部培养成为知妇女群众、懂妇女群众、爱妇女群众，能够做好妇女群众工作的行家里手。

(案例来源：中华女子学院)

案例 69：发挥女性职业教育优势，谱写教育扶贫新篇章

河北女子职业技术学院 坚持扶贫同扶智、扶志、扶知、扶技相结合，探索形成河北省妇联主导、学院牵头、基层妇联组织配合，重点面向国家级深度贫困县的特色教育扶贫模式。学院采用"送教下乡"的方式，将成人学历教育与短期培训相结合，因地制宜、"因村施教"，专家、教授、农业技术能手同进课堂，将扶贫课程送到农村妇女家门口；与省妇联联合实施"河北省巾帼精准扶贫十百千培训工程"，在张家口、承德、保定等地区的 10 个深度贫困县、200 个深度贫困村开办成人教育大中专班，免费培训 3100 余名农村妇女，使她们成为有文化、懂技术、会经营、能创业、善创新的农村妇女创业创新带头人；实施"河北省农村妇女技能培训工程"，以技能培训提高农村妇女致富能力。截至 2020 年年底，学院已在全省 42 个县，247 个乡、村设立教学点，累计培训农村女性 12.36 万人次，帮助 667 名建档立卡贫困农村妇女脱贫，有效提高了农村女性自身脱贫能力，激发了农村女性脱贫内生动力，为阻断贫困代际传递、助力当地完成脱贫攻坚做出了贡献。

(案例来源：河北女子职业技术学院)

6. 不断探索区校共建的终身学习新模式

将终身学习作为提升人才质量、推动人才队伍发展的重要抓手，已成

为地方政府的共识。2019 年各省充分依靠区域内高校继续教育力量，开展对终身学习模式创新的有益尝试。天津职业大学、天津医科大学、西北大学、江阴职业技术学院等高校通过构建高校社区联盟，形成高校继续教育与社区的联动机制，加大资源共享，优化推进机制，形成具有社会影响力的继续教育品牌。本地高校与地方政府主动牵手，建立“终身学习联合体”，以项目为引领，实现高校优质教育资源对市民开放共享；持续举办全民终身学习活动周，逐年扩大参与范围，共同营造全民终身学习的浓厚氛围；注重发挥研究优势，制定社区教育、老年教育等方面监测体系和标准，对终身教育工作进行第三方评估，开展终身教育机制体制、市民终身学习需求监测等方面理论研究，引领继续教育科学发展。

案例 70：“区校共建”构建和谐社区

湖南师范大学 强化高校社会服务的使命担当，积极投入推动学习型社会建设的工作中去。为了给社区居民提供更好的学习服务支持，形成良好的学习氛围，学校成立了湖南师范大学岳麓区龙王港社区学院，依托学校优质的教育资源与办学经验，联合街道办事处组织成立了 10 多个社区文化兴趣小组或文艺团队，开展各类主题活动。从社区居民的兴趣爱好入手，开展唱歌、跳舞、书法、太极、烹饪等大众喜闻乐见的活动，举办党史党建、医学保健、国学传统等不定期专业讲座，为居民提供了学习交流的平台，为闲暇生活增添了色彩，提升了社区居民的幸福感。同时，面向青少年开办书法、绘画、手工制作、创意合作等夏令营培训班，聘请专业的舞蹈、绘画、手工及心理学老师开展教学，累计 600 余名青少年参加，促进了社区青少年的健康成长。两年多时间，社区报名群众多达 1236 人次，学习对象范围不断扩大，包括学生、上班族、家庭妇女、离退休人员等各类人群。社区学院通过“区校共建”模式，让教育走进社区、以文化滋养人生，满足了社区居民的文化需求及对美好生活的向往。

（案例来源：湖南师范大学）

案例71：构建资源、平台、机制三协同的社区普法教育新格局

石家庄职业技术学院 按照“学院统筹、社区参与、资源共享、功能多样”的办学模式，成立全国首家社区税务学院、社区宪法教育学院，构建资源、平台、机制三协同的社区普法教育新格局。学院建立社区普法师资队伍库，聘请法律专业人士作为社区普法教师。通过市、区（县、市）、街道（镇乡）、居委会（村）四级联动，推动社区普法教育工作，建立了16个社会普法教育示范点，以法律大讲堂的形式宣传税法和宪法。同时，利用社区教育、电大教育、社区税务学院微信公众号等网络平台，采取线上、线下双渠道开展社区普法教育和宣传。在税法宣传过程中积极与各税务部门联动，建立普法教育进校园常态化运行机制。社区税务学院深入社区基层、校园、企业举办税法宣传活动达70余场，组建税法宣传小分队15个，税法宣传志愿者500余名，鼓励广大公民学习税法知识，了解税法，宣传税法，参与人数达3万人。

（案例来源：石家庄职业技术学院）

六、服务新冠肺炎疫情期间“停课不停学”

新冠肺炎疫情期间，全国现代远程教育试点机构响应教育部“停课不停学”号召，依托自身技术平台、在线教学经验和专业队伍，基于20余年探索和积累的成果，在助力“停课不停学”中发挥了不可替代的作用。试点机构率先面向继续教育学生、普通高等教育校内学生、各地中小学生，尤其是疫情严重地区、边远贫困地区等，提供教学平台、学习支持与技术服务，助力实现“停课不停学”；开展教师远程培训，提升教师在线教学能力，保证教学质量和效果；开放优质在线课程资源，发挥联盟优势，促进在线教学组织资源共享，最大程度保证了各级各类学校在线教学的顺利开展。据统计，试点机构已免费开放各类学习平台近200个，各类课程资源100万余门，以全方位、扎实有效的实际行动帮助千万学习者获益，在战“疫”、抗“疫”中体现了高校继续教育的责任和担当。

1. 提供在线教学平台和学习支持服务

试点机构充分发挥网络教育的优势，直接开放自身在线教学平台或根据校内全日制教学需要定制开发在线教学平台，立足自身技术优势和在线教学经验，提供学习支持和技术服务，包括安排专门的技术和教学人员进行平台维护、技术答疑和助学支持，编写操作手册和在线学习指南等，保障校内本科、研究生教育教学顺利实施。一些高校还主动助力中小学、职业学校“停课不停学”，全力辅助学校开展线上教学。如华南师范大学网络教育学院“华南师大—西藏林芝教育云‘停课不停学’智慧课堂”为西藏林芝提供了跨学科、全学段的直播服务，涵盖义务教育及高中课程，覆盖当地小学生近20 000人、初中生近8000人和高中生近7000人；陕西师范大学远程教育学院主动开放教师教育慕课平台——积学堂，免费提供200余门优质的教师教育课程及专题讲座，该平台被省教育厅列为主推的教学资源网站之一；西安电子科技大学为广大师生提供优质的线上教学资源与教育信息化支持服务，完成学习平台原有功能27.3%的更新与优化，提高业务办理效率13.6%，在线学习达319万人次，组织在线考试67万人次，开展线上毕业设计答辩8089人。

案例72：积极助力在校生在线直播教学

北京外国语大学 新冠肺炎疫情期间开通了自主研发的“北外e课堂”平台，全力支持学校教务处、研究生院开展直播、在线点播、线上教学辅导等线上教学工作，共服务了校内全日制大学本科、研究生7375名，教师518名，支持了1085门课程的线上教学。同时面向社会免费开放优质在线资源，新冠肺炎疫情以来共开放了200门在线课程，包括大、中、小学课程，以及法、意、日、韩等多语种课程，职场进阶课程和艺术素养课程。截至2020年5月31日，北外网课网站浏览量1092.2万，用户量170.8万，新增注册人数36.4万人，累计选课177.3万门次，平均每人选课4.9门，高峰时有6万人同时在线学习。

（案例来源：北京外国语大学）

案例73：发挥信息化优势，“三举措”全力助学

西南大学 积极响应“停课不停学”号召，主动作为、创新思路，发挥在线教学平台优势，创新开展学习支持服务，具体包括：①提供学习平台和课程资源，服务学校本科在线教学。针对全日

制本科教学特点，积极为本科线上授课和线上学习搭建平台、提供资源和技术服务。②协助教师在新冠肺炎疫情期间实现在线备课、在线辅导答疑、开启直播课堂等线上教学活动，实现学校“停课不停教、教学不延期”的目标。③定点助力教育扶贫。科学拟定一体化培训方案，采用“主会场+分会场”同步直播、送教上门等方式，精准对标管理，培训效果良好。新冠肺炎疫情期间，为学校全日制46个班级1772名本科学生提供了100门网络本科课程资源，帮助云南省昌宁县200多名干部实现了扶贫攻坚能力提升。

（案例来源：西南大学）

2. 开展教师在线教学能力提升培训

针对广大教师在线教学经验不足、在线教学能力缺乏的情况，部分试点机构如华东师范大学等利用教育技术优势，开放教育专业资源，面向中小学教师，特别是欠发达地区一线教师研发在线教学攻略，提供针对性的在线培训，及时准确给出框架清晰的应急策略，推进教学与技术深度融合，增强线上战“疫”的专业支持力量。同时，面向高校教师组织和开展了系列线上培训，内容涵盖在线教学规律认识、在线教学能力提升、在线教学平台和在线教学工具使用、在线教学设计、在线教学资源选择和使用等。北京师范大学、教育部高校师资培训交流北京中心联合其他5所部属师范大学、16所地方高校，面向中西部高校新入职教师“国培”示范项目学员及广大高校青年教师共同发起线上公益培训系列讲座，由6所部属师范大学联袂推出名师主讲，助力高校教师信息化素养及教学能力提升，鼓舞高校青年教师坚定抗“疫”意志，助力高校青年教师专业成长。

案例74：“雨课堂”为欠发达地区在线教学助力

清华大学 在新冠肺炎疫情期间针对广大欠发达地区一线教师

在信息资源获取和整理、在线教学设计、在线教学组织管理以及在线教学评价等方面遇到的问题，积极行动，整合多方资源，面向教育扶贫远程教学站所在地教育行政部门领导、中小学校长、教研员、学科骨干教师，策划实施“教师信息素养与在线教学能力提升专题”学习项目。培训通过“雨课堂”线上举行，共计安排18门课程，涉及“信息素养与核心理念”“在线教学设计和优秀案例”和“在线教学组织与评价”等内容，来自湖北、云南、甘肃、贵州、内蒙古等12省、自治区25个县区的约1000中小学骨干教师参加了直播学习。该项目的举办，为特殊时期欠发达地区一线教师解决了燃眉之急，帮助教师有效开展在线教学。

（案例来源：清华大学）

案例75：线上直播助力教师信息化教学能力提升

陕西师范大学 为落实教育部“停课不停学”要求，有力保障和支持对口支援地区临夏回族自治州中小学教师在新冠肺炎疫情期间有效开展线上教学工作，结合临夏回族自治州中小学校客观需求，针对中小学教师开展“停课不停教”线上培训活动，学校依靠远程教育的技术支撑和平台优势，以线上直播形式开展培训活动，聚焦现实问题，寻求科学方案。本次活动同时在线学习人数最高达4300余人，普遍提高了教师对在线教与学的认识，掌握了线上教学常用软件的使用，在新冠肺炎疫情背景下为临夏回族自治州一线教师开展在线教学提供了有力支撑。

（案例来源：陕西师范大学）

3. 扩大优质资源供给

新冠肺炎疫情期间，试点机构快速整合、筛选优质在线教学资源向校内师生和社会大众免费开放。其中，提供的学分课程有效缓解了校内教师课程资源制作的压力，开放的教学资源覆盖不同学段、不同类别的学科，满足学习者多样化学习需求。部分试点机构还专门组织团队制作了相关的防疫知识、心理调适等在线资源，满足疫情时期师生的特殊需要。同时，各试点高校借助网络教育相关联盟扩大了服务范围、服务模式。据统计，新冠肺炎疫情期间，福建省高校累计线上开课 22 082 门、授课 48 392 门次、在线教学教师 22 833 人、学生上线学习 3 263 191 人次。此外，各高校通过“互联时代教育资源共建共享联盟”“MOOC 中国联盟”等平台，积极参与“优质课程资源免费开放行动”，累计免费开放优质课程资源达 1000 余门。

案例 76：共享优质资源，共抗新冠肺炎疫情

南京大学 为了全力支援疫情防控，从通俗易懂和居家学习的角度，迅速组织精选十几门人文素质类教育、实用技能类及热门科技类等优质课程资源免费向公众开放，包括“实用英语写作”“手把手教你心理咨询”“环境科学导论”“商务沟通”“管理心理学”“商务入门”“电商实战”“Python 程序设计”“旅游规划与策划”等。同时学校作为互联时代教育资源共建共享联盟的理事长单位，与弘成教育联合，面向成员院校发起了“优质课程资源免费开放行动”，倡议成员院校根据自身特色和优势，开放高质量的主题课程，供广大学习者和教育机构选择。

（案例来源：南京大学）

案例 77：开放优质资源，扩大资源供给

中国石油大学(华东) 充分利用非学历继续教育在线学习平

台，面向培训学员开放石油技术类、化工安全类、党政教育类、乡村振兴类、人工智能类等在线培训课程100余门。其中，面向新疆油田、吐哈油田等石油石化企业，积极推进专业技术人员在线学习；面向临沂市专业技术人员，提供党政类、建筑类、财务类等100余门课程的在线学习，并免费提供“新冠肺炎防控知识手册”“远程协作”等公益课程，在线学习人数达4800余人。学校还专门开设“公益在线课堂”资源共享平台，面向全社会免费开放石油石化类、通识管理类、文化素质类等60余门课程，助力社会各界在线学习。依托“网络教育教学资源研发中心”资源共享平台，面向成员单位免费开放11门小学分通识课程；依托“MOOC中国”（MOOC2U）平台，面向全社会开放6门MOOC课程；面向“百校千课联盟”82所成员高校及出版社，共享10门MOOC课程；依托“山东省成人高等教育数字化资源共享平台”，面向山东省高校开放优质数字化课程资源29门，保障新冠肺炎疫情期间“停课不停学，服务不断线”。

［案例来源：中国石油大学（华东）］

第五章
高校继续教育的特色创新

高校继续教育作为终身学习的重要形式，有不同于传统全日制普通高等教育的显著特色。举办继续教育的高校主动适应国家和社会需要，抓住成人在职学习的特点，积极探索，主动创新。尤其是随着信息技术的发展，高校继续教育不断深化改革，在人才培养、服务模式、学习制度和资源共建共享等方面不断推陈出新，形成了一系列富有特色的创新成果。

一、探索面向成人在职学习的人才培养模式

1. 创新支持成人灵活学习的教学模式

高校继续教育在实践探索中遵循成人在职学习者的特点，以提升成人学习者能力，更好地满足学习者多样化、个性化的学习需求为目标，不断总结提升，逐渐形成了支持成人灵活学习的教学模式。

借助于信息技术，许多高校开发了适应多终端的学习资源，搭建了混合式学习环境，为学习者提供灵活多样的、线上线下一体化的混合式教学模式。高校利用互联网平台和移动(APP 等)终端，通过线上自学和面授辅导、在线直播和在线异步自学、实时课堂与线下辅导等多种形式的混合式教学模式，为成人学习者提供个性化的、灵活的教学服务。如北京开放大学搭建智慧教学线上平台以及线下虚拟仿真实验环境，开展基于活动引

领—互动探究—三师支持的“多元互动”网络教学模式；深圳大学基于慕课开展“线上＋线下”混合式教学，取得了良好效果；广西开放大学基于开源的 EduSoho 在线教育系统，结合云视频、教育转码 ES－DTT 技术、视频指纹、视频伸缩存储等新技术，实现了人才培养全过程服务和全过程管理。

部分高校立足在职成人学习者职业化能力提升需求，为成人学习者提供了灵活的线上实践教学和线下实训。通过 AR、VR、大数据、人工智能、学习分析等技术搭建虚拟仿真实验室，解决远程教学中实验实习、情境障碍等问题，及时、准确、连续地反映在线实践教学的真实状态和效果，激发成人学习者的学习兴趣和学习动力，改善成人学习者的学习体验，提升在职成人的实践应用能力。华东理工大学、西安电子科技大学、中国医科大学、辽宁石油化工大学等，都在积极探索用虚拟仿真实验加强实践教学。

许多高校探索了灵活多样的教学评价体系，开展了针对在职成人的先前学习成果认定，形成了基于能力本位的多元化、多主体评价，并利用信息技术创新在线评价手段，将分布式技术、大数据分析、人脸识别等新技术应用于过程性评价和课程考试，提高了评价的有效性、准确性和全面性。如山东大学通过创建教学过程实时监测数据平台，精准采集线上教学的全过程数据，对授课及学习行为数据进行挖掘分析，精准定位教学目标、教学过程，促进教学评价体系的不断完善。

案例 78：“自主学习＋网络教学＋面授辅导＋实践训练”的混合式教学模式

江苏开放大学 不断完善从入学到毕业全流程管理的“双五位一体”信息化教学管理平台，搭建分布式实验室和校企合作实训中心，探索以学生为中心的“自主学习＋网络教学＋面授辅导＋实践训练”的混合式教学模式。“双五位一体”信息化教学管理平台及相应的学习管理APP，集教、学、做、评、测、管等功能于一体，引导学生自主学习，保障“线上线下”相结合的“混合式”教学顺利实施。组建“课程导师＋学务导师”相配合的双导师制，开展网络教学和面授辅导，实现师生线上线下交流互动。学校依托省市多所开放大学以及知名企业，共建分布式实验室和校企合作实训中心，形成分布式实验实训体系，为开展混合式教学提供实践实训基地。学校逐步形成了全面系统的混合式教学实施方案、教学申报标准和流程、教学组织与实施方案、教学检查体系标准、教学总结和反馈机制，激发了学生学习的热情，提高了学生的理论知识水平和实践能力。截至2020年年底全校开展“混合式”教学模式的专业共20个，服务学生数达22 135人。

（案例来源：江苏开放大学）

2. 探索多元合作办学中协同人才培养新机制

高校继续教育持续推进和深化与政府、行业(协会)、企业、国际机构的双向或多向合作，积极主动探索多元化合作办学模式，通过政校社企联合办学、校企合作、校校合作、校政合作、校地合作，以委托培养、项目承办、劳务外包、订单式培养等方式，开展多领域、多形式、多层次的合作办学，推动教育链、人才链、产业链有机衔接和产教深度融合，促进高校继续教育供给侧与需求侧的紧密结合。例如，金陵科技学院采取企校联建、订单式培养、企校共建等三种模式为企业培养专业技术人才；东南大学继续教育学院发挥学科优势与行业协会合作办学，针对行业企业的人才需求，构建混合式多元化培训模式，确保培训内容与学员岗位工作紧密结合。政府与社会机构合作办学的PPP(public-private partnership)模式，是“政府出资、单位组织、大学培训、学员受益”的合作办学模式；各级开放大学和企业合作办学的独立开放学院等，是校企合作的一种有益探索。

在多元化合作办学的过程中，高校继续教育探索“现代学徒制”“双元制”“订单式”等人才培养模式，形成产学协同育人机制。这一机制以企业需求、现实问题为导向，遵循高等教育规律和职业人才成长规律，突出人才培养与社会需求对接、专业调整与产业发展对接，通过优化学科专业结构，校企紧密合作共同制定培训方案，精准策划高校继续教育项目与课程体系，增强人才培养的针对性和适用性，开展行业特色鲜明的高校继续教育合作项目。产学协同育人机制为社会与企业培养了更多产业急需、岗位适用的实用型人才和技术骨干，有效地解决了人才供给与产业需求之间的矛盾。

案例 79：校企深度合作，探索“企业定制”人才培养模式

电子科技大学 与富士康科技集团(成都分园)开展学历继续教育合作办学，进行“企业定制”人才培养，为企业员工开展网络高等教育学历提升，培养生产和服务一线需要的高素质技术技能人才。截至 2021 年 3 月，已有 1049 名一线工人获得专科、本科学历，并有 700 多名学生获得企业颁发的奖学金。校企合作过程中，双方在人才培养、技术创新、人文培训方面有机整合、优势互补，促进教学链与产业链有机衔接。一是校企共同制定课程计划。校方与企业分别选派相关技术部门资深技术骨干共同制定课程计划，开设 3—5 门专业技术课程。二是建立校企共管、共享的人才培养平台。富士康科技集团专门成立 IE 学院，与学校进行日常事务对接，做到教学计划和生产计划同步、教学管理与生产管理同步、教学活动与生产活动并重，使教学和生产相融合，有效解决教学和生产的矛盾。三是为方便企业员工不离岗学习，学校选聘优秀教师为企业提供面授辅导、远程教学。每月定期到企业巡视并对所聘请教师开展评教，确保教学质量。通过校企深度合作，把知

识创新和人才培养融入产业升级、区域发展的大环境中，提高了人才培养的就业适应能力。

(案例来源：电子科技大学)

案例80：产学协同，探索TOP培训模式

中国石油大学(北京) 与中国石油天然气集团公司共同研发了TOP(timely、open、professional，及时、开放、专业)培训模式，解决传统培训时效差、培训形式和资源单一、培训管理专业化程度低等问题。TOP培训模式采用专业化的项目运行管理机制，管理团队分工明确、职责清晰，管理手段现代化。采用学分制，教学形式丰富多样，包括研究生专业课程、专题讲座、研讨会、校内学术报告会、参观考察、专家案例、技术分享交流、现场教学和结业座谈会等。为学生量身定制标准化课程，选课考核标准与在校研究生一致，并对学生选课进行个性化指导。同时开发了访问学者信息平台，建立案例库、学生库、师资库及课程库，对学生职业生涯进行追踪。自合作培训开展以来，学生与学校开展联合科技攻关项目10项、合作项目11项，解决生产技术难题17个，开展企业专家技术交流34次，推广企业创新成果50个，企业技术转化革新成果5个，申报申请专利8个，发表科技论文16篇，编写著作2部，起草修订标准8项，获得奖励11个。

[案例来源：中国石油大学(北京)]

3. 实现学历教育和非学历教育衔接发展

高校继续教育逐渐改变了过去以学历教育为主的发展模式，形成了学历教育与非学历教育并重的办学格局。非学历教育作为高校继续教育的特

色办学形式，其地位和作用日益提升，正逐渐成为高校继续教育办学的重要组成部分。高校依托本校的学科优势、师资优势和服务优势，充分整合校内外资源，创新高校继续教育培训模式，精心打造培训服务品牌。非学历教育占比日益增长，培训规模不断提升，面向人群更加多元，培训地域更加广泛，培训模式灵活多样，满足了学习者更广泛、更个性化的学习需求，为国家和地区经济发展培养了大量急需人才，取得了良好的社会效应。

为了促进学历教育与非学历教育的协调发展，高校继续教育探索了学历教育和非学历教育间的有效衔接，国家开放大学牵头探索研制了学分银行制度以及实施方案，设计并建设了“学历证书＋若干职业技能等级证书”制度，建立了与普通高校、职业院校、行业企业等的有效合作工作机制，探索了学历和非学历继续教育融通模式，搭建了学分银行在线平台，并在继续教育领域进行了验证性实践。一批高校正在积极探索校内和校际学习成果积累转换和学分互认，北京大学、江南大学、中央财经大学、福建师范大学等高校尝试在校内打通学历继续教育与非学历继续教育的通道，实现学分互认；四川开放大学积极探索“知识＋技能”型人才培养途径，实施了基于学分银行的中职教育与四川开放大学专科教育衔接的人才培养模式改革。高校探索和实践的学分银行制度促进了学分认定和学习成果互认，构建了人才培养立交桥，有力地支撑了各种继续教育形式之间的衔接和融通。

案例 81：三轮驱动实现学历和非学历协调发展

对外经济贸易大学 实施非学历教育优先发展、中外合作办学融合发展和学历教育平稳发展的“三轮驱动”战略。非学历教育体系由国内商务培训、援外培训、紫荆谷双创培训、精准扶贫培训和外语培训组成，中外合作办学体系由教育部批准的三个中外合作办学项目组成，学历教育体系包括远程教育和成人继续教育。在稳步发展学历教育的同时，2017—2020年，非学历项目共举办114期高端商务培训，共计培训7027人次。完成33期来自非洲及“一带一路”国家的829名高级官员培训，培养了众多知华、友华政府官员。同时积极响应国家战略，联合9所高校连续两年为13个省培训609名初中教师，学院连续4年为陕西榆林、云南勐腊和新疆巴楚培训208名初中英语教师，将“扶贫先扶智”落到实处。此外，中外合作办学项目均高质量通过教育部评估，其中“诺欧零售管理项目”五项指标均获100％合格的好成绩。继续教育学院荣获北京市优秀教学成果二等奖、中国扶贫开发协会脱贫攻坚优秀会员单位称号。

（案例来源：对外经济贸易大学）

案例82：探索学分银行建设，服务终身学习

广东省 终身教育学分银行由广东省教育体制改革领导小组统筹领导和协调，广东开放大学作为主要建设者，是学分银行管理中心的挂靠单位。广东省终身教育学分银行是面向全省社会成员、服务终身学习的省级学分银行，旨在促进各级各类教育之间的沟通和衔接，实现资历成果的认定、积累和转换，拓宽终身学习通道，搭建人才成长立交桥。广东省充分发挥技术的支撑作用，建设信息管理平台；将构建资历框架写入《广东省职业教育条例》；与香港教育局、学术与职业资历评审局、资历架构秘书处、职业训练局在粤港澳大湾区资历架构对接、质量机制、过往资历认可等方面达成共识。广东省终身教育学分银行对构建终身教育体系、探索粤港澳大湾区教育合作、服务乡村振兴和技术技能人才成长、

助力区域经济发展等具有重要意义。

（案例来源：广东省教育厅）

二、创新学习支持服务模式

1. 创新现代远程教育公共服务体系

现代远程教育公共服务体系是在教育部的指导和支持下，为适应远程教育多元化快速发展的需要，在我国远程教育领域所进行的一项教育公共服务体制机制的创新，是借助于大数据等现代信息技术构筑学习支持云服务的实践探索。

现代远程教育公共服务体系通过构建由总部、管理/运营中心、学习中心组成的覆盖全国城乡的服务体系，探索基于技术的支持服务供给方式，为远程教育高校提供第三方社会化支持服务，有效连接远程教育高校及在职成人学习者。依托先进的互联网技术，通过标准化、专业化的资源和技术支持，搭建一站式、开放性、可扩展的网络支撑服务平台，公共服务体系为高校的教学教务管理和学习者的注册报名、课程学习、交互答疑、考试等提供系统化的支持服务。同时，为不同院校实现资源共享、学分互认提供技术支撑，促进了高校网络教育信息平台的互联、互通和教学资源的整合配置，为学习型社会的建设贡献了力量。

目前经教育部批准的服务于现代远程教育的专业化公共服务体系运营机构主要有三家：奥鹏教育、弘成教育和知金教育。这三家公共服务机构为68家试点高校网络教育提供教学、学生学习等支持与服务，建立了遍布全国的学习中心2000余个，累计服务远程学历教育学生400余万。此外，公共服务体系的建设与实践还带动了许多省市区政府、行业等区域性和行业性的远程教育公共服务体系的探索与发展。截至2020年年底，奥鹏教育在全国各地共设立了44家管理中心、26家省级运营中心、1800余家学习中心，为40余所试点高校提供服务；整合、吸纳了近40TB的各级各类社会资源，涵盖11个学科、400余个专业、11 000余门课程，累计服务远程学历学生360余万人。弘成教育累计建设130余个数字化学习中心，与20多所高校开展了合作，覆盖专业210余个，服务学生超过22万人。知金教育与全国20余所试点高校合作，累计服务学生达几十万人。

2. 形成"高校—学习中心(函授站点)"的学习支持组织模式

学习中心(函授站点)是高校继续教育提供学生支持服务的基层组织，是教育教学资源得以有效延伸的重要落脚点，同时也是学习者连接主办高校的重要纽带与桥梁，是促进终身学习体系建设的重要形式。在高校继续教育的长期办学实践过程中，逐渐形成了"高校—学习中心(函授站点)"服务模式。该服务模式使得高校可以将更多精力集中于设计教学并组织实施教学，有助于为学习者提供个性化和针对性的支持服务，扩展了高校继续教育服务的广度和深度，为人才培养目标的实现奠定了重要基础，促进了高等继续教育持续、健康发展。

"高校—学习中心(函授站点)"组织模式的运行方式是高校统筹设计监管、学习中心严格落实。高校负责统筹组织与设计教学，制定办学各环节规章制度与工作规范，在把控办学权、教学权和招生权的同时，做好学习中心(函授站点)审批、培训与考核，保证了学习中心(函授站点)的支持服务质量和高校继续教育的办学成效。学习中心(函授站点)落实高校相关政策制度并接受监督指导，组织学生选课、督促学生学习和协助学生解决非学术性问题等，为学生提供就近的学习环境和帮助指导，解决学生工学矛盾，满足学生多样化需求。

三、构建灵活多样的学习制度

1. 探索“宽进严出”的学习制度

《国家中长期教育改革和发展规划纲要(2010—2020年)》(中发〔2010〕12号)提出要“健全宽进严出的学习制度”。“宽进严出”通过“宽口径”入学，增加成人接受高等教育的机会。“宽进”主要是放宽年龄、职业、地区等的约束，使得有意愿接受高等教育的成人有机会进入大学继续学习。“严出”是在“宽进”基础上，教育部、省级教育主管部门以及各高校通过三级联动，严把过程关和出口关，强化对学生的支持服务，确保学生学习质量达到毕业所需的专业理论知识和实践技能要求，助力学生学业的完成。

“宽进”使得没有机会接受高等教育的学习者，特别是成人学习者享有了接受高等教育的机会。但是，“宽进”并不代表国家对入学资格没有要求，教育部针对各类型、各层次的高校学历继续教育，规定了相应的入学条件。高校依据教育部有关规定，制定和发布招生简章，严格组织入学考试和前置学历审核，做好学习中心招生管理工作。在“宽进”入学政策下，以确保高等继续教育人才培养质量，严控“出口”，实行“宽进”下的“严出”。实践证明，“宽进严出”学习制度促进了高等教育普及化和大众化，是适合终身教育体系及学习型社会的制度。

2. 建立中国特色自学考试制度

自学考试制度是具有中国特色的一项高等教育基本制度，是一种“个人自学、社会助学、国家考试”相结合的学习制度，为社会公众接受高等教育提供了一种超越传统学校模式的学习服务平台，其任务是“通过国家考试促进广泛的个人自学和社会助学活动，推进在职专业教育和大学后继续教育”。自1981年创建以来，经过40年的发展，自学考试已经具备较为系统的制度体系，在质量标准、考试评价、资源建设、学习服务等方面形成了相对完备的体系和模式，为高等教育资源供给与社会公民学习需求对接提供了必要的组织保障、机制保障和渠道保障。

自学考试制度的核心特色是“以考促学”，是由宪法、法律、行政法规共同确定，组织体系横跨多个部门行业，以国家考试为核心的一种灵活的学习制度，充分发挥了国家考试的评价、监测、引导、督促作用，严把教育质量关。由省级高等教育自学考试委员会联合主考学校颁发单科合格证书和专科、本科毕业证书，彰显了“国家制度”的公共本质。以国家发展需求和个人素养能力提升为导向，自学考试制度培养和造就了数以千万计的专门人才，为产业和行业发展提供了人才支持，为社会大众提升自身素养和职业能力构建了渠道。

四、探索资源共建共享的新机制

在国家加快推进现代信息技术与教育教学深度融合的要求下，高校践行“互联网＋”继续教育，积极探索高水平的信息化平台研制和优质资源整合，推进校内、校际资源共建共享，成立各级各类在线开放教育联盟，探索了资源共建共享的新机制。

1. 校内资源共享机制

校内不同形式继续教育之间开展资源共享。一些高校充分利用网络教育的技术和资源优势，为自考、函授和业余教育(夜大学)等提供平台和优质的数字化资源。同时，借助函授和业余教育(夜大学)等的优秀在职师资，辅助网络教育制作优良的数字化资源，实现高校继续教育内的协调发展。部分高校通过云共享模式，实现不同办学形式的资源共享和学分转换。如东北财经大学继续教育学院将10余个学历教育专业的200余门专业课程和10余个网络大学的600余门非学历课程进行整合，向学历教育学员和非学历教育学员统一开放，并借鉴银行制度及运作模式建立了学分银行制度，利用教学教务管理平台，实现学历教育、非学历教育学分互认。此外，越来越多的高校继续教育通过辅修专业/双学士学位教育、先修课、选修课、补修课等形式为高校全日制教育提供支持，推动高校优质网络教育资源的校内共享，一定程度上实现了高校继续教育与普通教育资源的优化整合，有效推动了校内教育教学的改革。

案例83：多途径推进校内资源共享

中央财经大学 积极探索网络教育服务校内全日制教育教学，面向校内进行资源共享。自2007年起，学校以网络教学的方式开展"金融学、会计学"辅修专业/双学士学位教育，面向校内外招生。辅修专业采用在线课程＋课堂面授＋同步直播＋录播的混合教学模式，学生可以根据自身时间安排，按照周学习计划要求，随时随地进行在线学习。辅修结业学生中20%的学生通过辅修实现了跨专业考研和留学，去往清华大学、北京大学、哥伦比亚大学、帝国理工学院、伦敦政治经济学院等名校继续深造。此外，学校还面向MBA新生和校内留学生开展了网络课程项目，以在线方式开设了"管理学原理""会计学""金融学""西方经济学概论""宏观经济学"等课程，扩大了优质资源供给。网络辅修专业/双学士学位项目共计招生10 020人，辅修结业5076人，获得双学位2723人。截至2020年年底，在籍学生人数为2076人。

（案例来源：中央财经大学）

案例 84：开放在线资源，主动服务校内

中国石油大学(华东) 将继续教育数字化课程资源面向全日制本科教育开放共享，使其成为学生补修、辅修和选修的学习资源。截至 2020 年年底，继续教育 700 余门在线学习课程资源，涵盖 1 万余个视频资源、达 1.5 万学时的泛在学习资源库都通过继续教育学习平台免费向全日制本科生开放；该校继续教育归口管理单位教育发展中心为全日制学生提供学习数据监控、成绩记载对接等学习支持服务，保障开放共享资源真正成为全日制本科学生补修、辅修和选修的学习资源。同时学校教务处精选继续教育“中国石油工业概论(英文)”等 28 门优质 MOOC 资源，结合全日制学生的培养要求和具体课程应用情况，实施课程改造计划与服务工作，并将改造完成的课程资源应用于全日制本科专业培养，开展“线上线下”混合式教学，惠及石油工程、市场营销等 9 个专业、8600 余人次。

[案例来源：中国石油大学(华东)]

案例 85：创新校内校际资源共享模式，扩大优质资源受益面

福建师范大学 面向校内校际积极推动资源共建共享。在校内资源共享方面，学校继续教育共开放了网络在线课程资源 2500 多门，其中网络教育 341 门、函授教育 172 门、非学历培训 2000 多门，20 多门优质网络课程向校内全日制本科生开放，选修学生数累计 2 万多人次。在校际共享方面，福建师范大学参与发起成立“网络教育教学资源研发中心”，共建共享“现代远程教育系列教材

及网络课程”22套150万册、学分课程70门，实现13万人次学生选修福建师范大学课程。同时，牵头成立的“福建省高校在线教育联盟”，上线全省高校跨校共享课程近700门，省内跨校选修学生数达42万多人次，省外高校和社会人员选修数超450万人次。建设了继续教育资源开放专题网站，选取非学历培训课件183门、视频公开课15门向社会免费开放，累计访问量近40万人次，提高了高校在线教育资源利用率，发挥了优质在线课程的示范作用，扩大了优质教育资源的受益面，最大程度地提升了资源效益。

（案例来源：福建师范大学）

2. 校际资源共建共享联盟

高校继续教育在探索资源共建共享的实践中，形成了以联盟方式推进资源共建共享的新机制。联盟通过搭建具备承载海量资源能力、互联互通的在线开放课程平台，制定统一的技术标准、资源准入标准、共享规则，规范数字化学习资源建设。联盟内成员单位各自发挥其在行业领域中学科和师资的专业特色和优势，共同打造精品课程和联盟品牌，实现特色优质教育资源的开放共享。目前代表性联盟有高校继续教育数字化学习资源开放与在线教育联盟——e行动计划、MOOC中国联盟和百校千课联盟等。

2014年10月，在教育部的推动指导和全国高校现代远程教育协作组组织下，70多所高校联合倡议并成立了“高校继续教育数字化学习资源开放与在线教育联盟”，鼓励和推进校内、校际、校企实现优质资源建设、共享与开放，建立在线教育优质课程资源共享平台和机制，提升资源开放水平，扩大优质资源覆盖面。联盟高校积极发挥专业、资源等优势，服务于经济社会发展和行业需求，在各级政府和行业协会指导下，联合同类高校、职业院校、行业企业建立行业继续教育联盟，通过共建共享资源、共建实习实训基地、共享师资、共设项目等方式，实现与行业企业的深度合作，形成了资源共享、优势互补的合作机制。其中联盟37所成员高校牵头，有300余所普通高校、职业院校和有关行业企业参加组织实施的e行动计划，在涉及国家重大发展战略和民生相关领域取得了积极进展，有关行动计划对行业的人力资源建设和产业转型升级发挥了重要的推动作用，并逐渐形成校企合作、产教融合、共同育人的新机制。其包括：由清华大学牵头，联合有关高校、团委的“全国残疾人就业指导员e行动计划”；由河海大学牵头，联合全国水利水电类院校的“水生态与水安全e行动计划”；由西南交通大学牵头，联合交通类院校的“国际轨道交通人才培养e行动计划”；由北京林业大学牵头，联合全国10所林业类院校的“生态学人e行动计划”；等等。

案例86：打造行业联盟，实现行业特色资源建设与共享

河海大学 立足水利人才培养，联合水利部、长江水利委员会、武汉大学、同济大学、安徽水利水电职业技术学院、浙江水利水电学院、南昌工程学院、长江工程职业技术学院、福建水利水电职业技术学院、四川水利职业技术学院、重庆水利水电职业技术学院等68家单位，启动“水生态与水安全e行动计划”，通过合作单位自建、委托专业公司开发、引进社会优质课程资源等多种方式共建课程资源并开放共享，每年为30万人次的行业人才继续教育提供数字资源服务。与中国水利教育协会共建了“基层水利队伍培训工程”云服务平台，覆盖了全国3358个县级以上水利行政主管部门和工程单位，基本实现了行业“网络学习空间人人通”，形成了行业继续教育的循环互动与合作共赢模式，实现了数字资源在水利行业应用与服务的全覆盖，满足了量大面广的行业人才队伍培养需求，形成了具有行业特色的继续教育体系。

（案例来源：河海大学）

案例 87：打破合作壁垒，促进高水平继续教育资源的共建共享

百校千课共享联盟 由全国高校现代远程教育协作组携手 32 家知名院校和出版社共同组建。联盟成立“课程标准委员会”，负责制定普通共享课、精品共享课、精品共建课的课程标准，组织开展共享课程的审核和评估工作。同时，提供共享库的接口标准，方便成员单位资源的引用及共享，形成满足不同高校需求的“共享课程资源库”。联盟已成立 3 个融媒体专业系列教材编委会(学历)、1 个教师发展力系列丛书编委会(非学历)，参与建设的 10 家出版社共认领出版 70 余门教材。联盟从扩大联盟影响力、课程及教材共建、课程共享、教材征订四个方面开展联盟平台建设，还专门开发了适用于联盟各高校学生的融媒体小程序，以支持融媒体专业编委会的共建课程及教材，并开发了一套教材征订系统，定向接入高校平台，精准推荐课程配套教材。百校千课共享联盟打破了高校、出版社和企业之间的合作壁垒，实现优势互补，校企合作共赢，促进了高水平继续教育资源的整合与共享，为提高在线教育质量提供助力。

(案例来源：百校千课共享联盟)

案例 88：发挥品牌优势，服务国内国外资源共享

MOOC **中国联盟** 由 37 所试点高校与奥鹏教育公共服务体系运营机构共同发起成立。截至 2020 年年底，成员单位 136 家，课程资源 3000 多门，注册学生人数 416 675 人，为 109 所机构提供课程服务，累计服务 3 154 116 人次。同时，联盟响应“一带一路”

倡议，与泰国皇家大学、斯巴顿大学、朱拉隆功大学、兰实大学、清迈大学、瓦莱拉大学及安美德集团签署完成战略合作协议，组织首届“中泰高校互联网＋教育高峰论坛”，为“一带一路”中泰教育交流搭建平台。联盟通过认证中心对所有入盟资源进行标准化认证，制定课程资源技术标准和认证评审标准，搭建专门的平台并不断升级迭代，制定联盟与联盟外教育机构资源共享规则，充分发挥品牌优势，实现联盟成员机构之间的资源共享，创新了可持续发展的校企合作运行机制。

（案例来源：MOOC 中国联盟）

五、构建中国特色的开放大学办学体系

1979 年 2 月，中央广播电视大学和全国 28 个省、自治区、直辖市电大同时开学，通过广播电视技术开展远程教育。2012 年，教育部陆续批准成立国家开放大学和北京、上海、江苏、广东、云南开放大学。2020 年 9 月，教育部印发《国家开放大学综合改革方案》(教职成〔2020〕6 号)，明确发挥制度优势，体现“全国一盘棋”思想，加快推进全国电大整体转型，39 所省级广播电视大学统一更名为开放大学。目前开放大学办学体系已发展成为一个遍布全国城乡的四级办学网络，包括 1 所国家开放大学、44 所省级开放大学、5 所专门学院、1 所实验学院、1125 个地市电大和 3419 个教学点。

开放大学经过多年的发展，形成了以“统筹规划、分级办学、分级管理、分工协作”为特色的办学体系。国家开放大学直属教育部，其他各级办学机构在行政上受当地同级教育行政部门的管理。各省级及以下办学机构在业务上都接受其上一级办学机构的指导。国家开放大学统筹和规划指导全国各级办学机构的专业设置、教学计划、教务管理等业务；省级开放大

学统筹指导自开专业在本省开放大学办学体系内的设置、教学、教务等业务。地方开放大学作为地方政府所属高等学校，接受本级人民政府的领导和教育主管部门的管理，业务接受国家开放大学的指导和管理，主要承担服务本区域全民终身学习，推进本区域开放教育体系建设，探索高等教育、职业教育与继续教育融合发展的职责。开放大学体系化办学制度，以系统办学优势，面向基层、农村、边疆和少数民族地区办学，促进了教育公平，高效地实现了人才培养目标。

第六章

新时代高校继续教育发展面临的形势

进入新时代，我国社会主要矛盾已经转化为人民日益增长的美好生活需要和不平衡不充分的发展之间的矛盾，这反映的是由较低层级供需矛盾向中高层级供需矛盾的转变，从“数量短缺型”供需矛盾向“优质不足型”供需矛盾的转变。这对包括高校继续教育事业在内的党和国家各项工作都提出了新要求。2020 年是我国“十三五”收官之年，展望“十四五”，我国高校继续教育面临重大发展机遇，也面临着巨大的挑战，高校唯有直面自身存在的问题与不足，勇于担当，积极改革，不断创新，才能办好人民满意的继续教育。

一、新时代高校继续教育面临的新要求

新的时代，新的征程！我国高校继续教育肩负着服务“学习型社会建设”“国民素质提升”等重要历史使命，其发展面临诸多新挑战。

1. 党中央对高校继续教育工作做出了新的部署

党的十九大以来，党中央高度重视继续教育事业，对发展继续教育提出了一系列明确要求，具体包括：①党的十九大报告提出了“办好继续教育，加快建设学习型社会，大力提高国民素质”的新任务、新要求。②在 2018 年的全国教育大会上，习近平总书记反复强调“立德树人”“质量为先”，

并提出了“四个加快建成”，这为高校继续教育的事业发展提供了直接指导。“四个加快建成”分别是：加快建成伴随每个人一生的教育，加快建成平等面向每一个人的教育，加快建成适合每一个人的教育，加快建成开放灵活的教育。③党的十九届四中全会更是明确提出要“构建服务全民终身学习的教育体系”，要“完善职业技术教育、高等教育、继续教育统筹协调的发展机制”，还要求“发挥网络教育和人工智能的优势，创新教育和学习方式，加快发展面向每个人、适合每个人、更加开放灵活的教育体系，建设学习型社会”。④党的十九届五中全会审议通过的《中共中央关于制定国民经济和社会发展第十四个五年规划和二〇三五年远景目标的建议》，在述及“建设高质量教育体系”时，专门提到要“发挥在线教育优势，完善终身学习体系，建设学习型社会”。

综上所述，足见办好继续教育既是满足人民美好生活需要的重要方面，也是提高国民素质的战略途径。发展全民教育、终身教育，努力让13亿人民享有更好更公平的教育，离不开办好继续教育；实现满足“人人皆学、处处能学、时时可学”的多样化终身学习需求，大力提高国民素质，加快建设学习型社会，离不开办好继续教育。党中央对高校办好继续教育的使命要求还具体体现在以下方面：

①高校继续教育要进一步扩大供给，在推动教育公平中充分发挥更大作用。办好新时代人民满意的继续教育，首先是提供充分的继续教育供给，扩大继续教育覆盖面和提高参与率，促进继续教育的全纳和公平，解决继续教育发展长期存在的不平衡、不充分问题，满足人民日益增长的追求更加公平、更高质量、更好服务的教育需求。

②高校继续教育要进一步主动作为，在加快学习型社会建设中肩负更大担当。学习型社会建设是新时代建设社会主义现代化强国的必然要求，是教育现代化的重要标志。高校继续教育作为国家终身教育体系的重要组成部分，必须主动作为，担当助力全民终身学习、发展全民终身教育、建

设学习型社会的历史重任。而一流高校更要主动担当、勇于示范，办好一流的继续教育，充分发挥示范引领作用。

③高校继续教育要进一步提高质量，在人力资源强国建设中做出更大贡献。从人口大国走向人力资源强国，离不开学校教育和继续教育的共同努力。由于人力资源更多是在职从业人员，其素质能力提升更加倚赖于继续教育。只有全面提升继续教育服务经济社会发展和人的全面发展能力，提高继续教育质量水平，才能整体提高国民素质，为建成富强民主文明和谐美丽的社会主义现代化强国夯实人力资源基础。

2. 新技术发展为高校继续教育事业提供了新的机遇

以互联网为核心的新一代信息技术，如5G、人工智能、云计算、大数据、区块链等的蓬勃发展，为高校继续教育的创新发展，以及开放灵活、个性化服务提供不竭动力的同时，高校应主动、灵活运用技术进行自我升级。具体体现在：

(1)充分利用新技术提高继续教育资源的开放性和灵活性。新技术将所有学习者、教育者、专家、学习工具、学习资源、应用服务联结起来，突破时空界限，让终身学习更容易发生。因此，高校应主动拥抱技术，而不是固守旧的人才培养模式和管理模式。比如5G推动了百兆带宽的升级，其运用可以使包括视频学习在内的继续教育方式变得更灵活、便捷；区块链技术可以真实记录每一个学习者的学习轨迹和每一个教育资源的版权信息，有效应用能够推动优质继续教育资源共享和学分银行建设。这些技术的应用对高校继续教育来说，都是新事物、新挑战。

(2)充分利用新技术支持继续教育服务的个性化和多样化。新技术有助于加强教学互动和个性化精准推送，恰当运用能够更好满足学习者个性化、多样化的学习需求。如AR、VR等技术可以很好解决远程教学中实验实习、情境障碍等问题，改善学习者学习体验，激发学习者学习兴趣和学习动力；

大数据、人工智能、学习分析等技术可以及时、准确、连续地反映在线教与学的真实状态和效果，精准判断学习者的学习情况，从而为教师和学习者提供个性化的精准服务。高校继续教育应紧跟科学技术发展步伐，主动应用，不断革新，唯有如此，才能在科技发展异常迅猛的新时代，切实满足学习者的需求。

3. 不同学习群体对学习方式和内容提出了新的需求

2019 年我国高等教育毛入学率达到 51.6%，由高等教育大众化阶段正式迈入高等教育普及化阶段。2020 年，我国高等教育毛入学率继续提升，达到 54.4%，以学历补偿为主的高校继续教育已经成为历史，继续教育的学习者群体悄然发生着变化，学习者的学习目的、学习习惯都有新的特点，这对高校继续教育提出更高的要求。

(1)数字“原住民”成为高等继续教育学习队伍的主力军，在线学习特别是移动学习成为极受欢迎的继续教育学习方式。当前，高校学历继续教育的学生越来越年轻，多为“80 后”“90 后”甚至更年轻的数字“原住民”。对于他们而言，网络是生活的一部分，虚拟的数字化环境是他们早已习惯的生存方式。相比以前的继续教育学习者，他们信息素养和技术水平高，习惯快速接受大量信息，喜欢多任务同时进行，喜欢图解胜过文字，喜欢碎片化学习和游戏化学习，喜欢与人合作，并在即时满足和频繁奖励中成长。因此，他们期待的是形式多元、内容丰富、途径多样、开放灵活的高质量高等继续教育。在一些“新新人类”眼中，函授教育、说教式的传统课堂教学已经落伍，在线学习才是“首选”。他们富于批判精神，不但关注教师讲得对不对、好不好，而且可能更关注小伙伴们的弹幕评论。很多时候，即便身处一个城市、一个地方，他们也可能更期望通过网络与教师、其他学生进行联络和互动。

(2)老龄学习者显著增多，老年教育成为高等继续教育特别是高等非学历教育的重要需求。伴随老龄化社会的到来和国家对老年教育的重视，越来越多的老年人参与到继续教育中来。老年人读大学已经不是个案，该群体接受学历教育和非学历继续教育的需求更加旺盛。学习已经不仅是年轻人的事情。老人们有的渴望圆大学梦，有的渴望接受新知识、新技能，有的渴望在学习中结交志趣相投的朋友，过高品质幸福生活。近年来，国家大力推进社区教育、老年教育，确定国家级社区教育实验区129个、示范区120个，建成28所省级老年开放大学，但还远远未能满足老年人的教育需求。2020年12月，湖南长沙中南院社区老年大学一堂“智能手机使用课”就吸引了许多老人报名，年长的近85岁，年轻的也70岁了。82岁老年学习者表示：“必须学习。社会进步太快，不学习跟不上时代，就要被淘汰!”满足老年人对追求美好生活的教育需求已成为新时代高等继续教育的发展使命与责任之一。

(3)学习者对培养创新性问题解决能力更为迫切。继续教育的学习者大都是在职人员，具有一定的工作经验，且是带着真实问题来学习的。因此，照本宣科讲原理已经远远无法满足新时代学习者的需要，立足岗位的创新创业能力培养正逐渐成为普遍需求。继续教育的学习者期望学习过程不仅仅是匹配问题和答案，还应充分结合工作场景，了解问题情境，通过理解问题、界定问题、分析问题、寻找问题解决方式的过程逐渐还原本质。学习者渴望在团队协作中学习、成长、发展，在学习社区的交互中实现联通和知识创造。这些对高校继续教育教什么、怎么教、如何考都提出了新要求。

(4)学习者期待更高质量的继续教育。近年来高校继续教育的招生乱象、虚假宣传、考试舞弊等负面报道不时见诸媒体。老百姓对继续教育爱恨交加，有时还难辨真假，因此非常期待高质量、好口碑的继续教育，以及风清气正的继续教育生态。高校继续教育的人才培养成为社会大众关注焦点，如何增强继续教育学习者的获得感、成就感、归属感是高校必须面对的问题。

二、高校继续教育发展中存在的主要问题

要担当新使命，高校继续教育必须高质量发展。对照高质量发展的要求，高校继续教育自身还存在很多问题和不适应，既有学历继续教育高质量发展中的不足，也有非学历继续教育在主动服务经济社会发展中的不足。主要包括以下几个方面：

1. 部分高校办学定位和办学方向不够清晰

继续教育是高等教育和高校人才培养体系的重要组成部分，是国家终身教育体系的重要支柱。随着国家战略实施、区域经济建设以及人才成长等方面的发展，人民对继续教育的需求越来越高，然而高校在继续教育的发展规划、制度建设、资源配置、经费投入、队伍建设等方面存在的重视不够、研究不深、保障不足等问题日益凸显。不少高校没有将发展继续教育写入大学章程并纳入学校中长期发展规划。部分高校继续教育人才培养的定位不清晰、目标不明确，人才培养游离于“学术型”“应用型”“综合型”人才之间。个别高校对人才培养质量重视不够，将经济效益作为衡量继续教育办学成效的主要指标，出现了继续教育办学思想错位和办学方向有所偏离。

2. 办学观念和人才培养机制有待更新

部分高校继续教育办学理念、专业设置、培养模式长时间沿袭全日制的方式、方法，针对成人在职特点进行继续教育人才培养模式的改革与创新不足，办学观念陈旧，主要表现在：

①知识观仍以传统学科知识观为主。目前高校继续教育人才培养仍延续普通高等教育的知识观，主要体现在：第一，专业设置以校内全日制教育专业为主，仅有极少数是为高校继续教育专门设置的专业；第二，培养方案仍遵循“学科中心取向”，将学科知识作为课程目标和内容的主要来源，学科结构的逻辑成为课程内容组织的主要依据，缺乏行业最新发展前沿内容。

②教学理念仍是以教师为主导，对学生个性化、多样化需求满足程度不足。不少高校的继续教育办学依旧以教师为主导，设置什么课程，传授什么内容都由教师说了算，没有充分考虑社会经济发展需求、行业企业岗位需要，以及学习者个体的成长发展需求与兴趣。在教学中，也多数强调教师教，忽略了学生的个性化、多样化学习需求。

③以知识传递为主，对学生问题解决能力培养不足。多数高校的继续教育侧重于概念性知识的传递，技能训练、情感态度价值观培养的有效策略不足。尤其是未能充分利用在职成人学习者的工作经验，对问题意识与创新创造能力培养不足。

④以学年制为主，不适应成人学习者灵活学习的需要。多数高校的继续教育，特别是函授教育、业余教育一直沿用传统的学年制(甚至完全没有学分制概念)，所有学生执行统一的进度安排，不能自定步调、自主选课，不能预约辅导和考试。封闭的学习制度不利于继续教育学生克服工学矛盾，直接影响了学生的终身学习成效。

⑤函授(业余)教育以传统班级授课为主，忽略了对教学与管理的信息化。部分高校的函授教育、业余教育因理念滞后，经费投入不足，忽略了继续教育信息化建设。多数高校的函授教学过程仍以传统课堂授课方式为主，学生管理模式落后，不能很好地服务继续教育教学与管理，工学矛盾突出。

3. 办学形式还需统筹

当前，我国高校学历继续教育有成人高等教育(函授教育、业余教育、成人脱产教育)，现代远程教育(网络教育、开放教育)，高等教育自学考试等不同办学形式。各种办学形式面向同一群体，服务对象相似，但管理自成体系，资源相互竞争，尚未成为有机的整体，亟待进行整合。

①不同办学形式总体统筹不够。一些高校存在同时开展多种形式学历继续教育的情况，不同形式的学历继续教育又各自形成独立的运转体系，在招生方式、录取方式、学费标准、教学形式、学习过程、毕业要求等方面不一致，培养标准不统一，造成了相互之间界限模糊，区分度、特色不明显，教学质量参差不齐。

②高校内部对不同形式的继续教育统筹不够。有的高校内部不同形式的学历继续教育或非学历培训分属不同院系，未实现有效整合，处于分头管理、分头办学的境况，存在内争资源、外争市场的恶性竞争，有的还致使平台、资源等重复建设，学生管理、教学组织、质量保证等工作难度增加。此外，个别高校由于内部继续教育的管、办、评体制不顺畅，滋生了部门与部门之间的矛盾，一定程度上增加了内耗，降低了工作效率，甚至影响了学习者的切身利益。

4. 办学质量有待提升

质量是高校继续教育发展的生命线。目前，高校继续教育质量管理水平和质量声誉都有待提高。目前高校继续教育质量管理水平和质量声誉都有待提高，特别是个别高校招生规模过大、专业设置过泛、教学过程流于形式，对高校继续教育整体声誉造成极坏的影响。高校继续教育办学质量问题主要表现在以下几个方面：

①办学投入与条件不足。办学条件直接影响并决定着办学的质量和水

平，但现状不容乐观。一是由于绝大多数高校继续教育没有生均拨款，主要依赖学费收入进行办学，而不少高校函授、业余教育一直沿袭十几年前的学费标准，因此造成继续教育办学投入不足。二是部分高校继续教育师资力量薄弱，队伍不稳定，年龄结构、职称结构不尽合理，培训不足，普遍缺乏产业实践经验和对继续教育特殊性的认识。在函授、开放教育的面授教学环节，多数授课教师是主办高校之外的兼职教师，师资流动性大、约束机制不够，教学实施过程很难得到完整有效监管。三是高校继续教育实验场地、实训基地、图书资料、实验设备等条件仍不足，校外教学站点(学习中心)亦缺乏足够资金建立实验实训基地、购置实习实训设备，基于网络的虚拟实验平台建设又尚未有效普及，造成高校继续教育办学的实验实训环节不足。四是资源水平和教材建设还有待进一步提高。受专业技术人员匮乏和资源建设投入不足等影响，数字化资源质量良莠不齐、存在低水平重复建设和浪费现象。优质教育教学资源分布不均衡，尽管一些地方和高校已经成立了继续教育资源建设联盟，但优质学习资源共享机制仅限于部分高校。

②质量评价标准尚不完善。部分高校尚未健全或全面实施涵盖人才培养全员、全方位、全过程的质量评价标准体系，专业设置、招生管理、站点管理、资源建设、考核评价、队伍建设、教学督导等方面缺少指导性工作规范。学历继续教育不同类型院校间已有的质量评价标准不统一，过程管理尚未建立行业统一标准，办学质量参差不齐。

③教学过程有待进一步加强。个别高校继续教育教学过程具体教学环节未落实，学生教学过程的参与度普遍有待提高。此外，个别高校继续教育培养过程与实际生产脱节，实验实训环节缺失，教学方法和手段单一，未能很好地解决工学矛盾，未能充分满足成人能力发展和学以致用的要求。

④教学评价方法有待进一步完善。部分高校学历继续教育课程学习效果的评价仍以课程考核为主，缺少对学生学习过程、实践运用等方面的综

合评价。部分高校毕业环节把控不严，使“出口关”失守。

5. 管理体制和保证机制建设有待完善

在“放管服”的背景下，高校继续教育要保证良好的教学秩序和较高的培养质量，必须建立一个管得住、放得开、运转灵活、应变能力强的体制机制，以激发各方积极性，这无论对高校还是对教育行政部门都是一个考验。当前，我国高校继续教育管理体制存在的问题主要包括：

①对高校继续教育重视程度不够。国家出台的关于发展继续教育的一系列指导性文件在部分省(直辖市、自治区)尚未形成具体的实施性意见，导致具体政策落实不到位。部分省份存在多部门、条块化、分割式管理，业务指导缺失，甚至职权不清、各自为政、相互推诿等情况；对不同办学形式的具体政策不一致，造成不同办学形式自成体系，培养标准不统一。

②质量保障机制不健全。部分教育行政部门对高校继续教育人才培养的过程和结果关注不足，事中事后监管和评估退出机制缺失，使得一些高校放任自流，盲目扩大继续教育规模而忽略了教学质量。

③对校外学习中心(教学站点)监管乏力。对校外学习中心(教学站点)的建设管理制度不完善，造成管理不到位，资质审查、规范管理、检查评估不严格的现象，缺乏退出机制，导致一些校外学习中心(教学站点)在招生宣传、收费、学习支持、考试服务等环节存在不同程度的违规违纪，严重影响了继续教育的社会声誉。

第七章
新时代高校继续教育改革创新方向

新时代高校继续教育应面向高等教育普及化，面向人力资源强国建设，面向终身学习新需求，深入贯彻新发展理念，加强统筹规划，充分利用现代信息技术，更新教育理念，变革教育模式，推动供给侧改革，形成发展定位准确、办学形式多样、学历和非学历教育协调发展、制度体系更加完善、服务能力和水平不断提升的继续教育发展新格局，实现继续教育高质量发展。

一、进一步完善新时代继续教育办学体系

1. 推动构建特色鲜明、形式多样、统筹发展的继续教育办学体系

高校要坚持特色发展，面向经济社会发展的需要，结合自身的学科特点和师资优势，设置学历继续教育专业和开发培训项目。一流大学要办一流的继续教育，承担示范引领作用，努力在人才培养和立德树人上做表率，在资源建设和开放共享上做表率，在技术创新和教育研究上做表率，在规范管理和提高质量上做表率，在体制改革和机制创新上做表率。

推动不同办学形式融合发展。逐步实现多种办学形式一体化管理，建立以学习者为中心、开放灵活、知识更新和技能提升并重的继续教育办学体系。

不同办学形式都以线上线下相混合的灵活学习为主要形式，函授、业余教育（夜大学）和成人脱产教育应加快信息化建设，推进信息技术与函授教育、业余教育（夜大学）的深度融合，增强线上支持辅导，探索“上网自学＋面授辅导”相结合的灵活学习方式，为学习者提供多样化学习选择，不断适应在职学习时空灵活性的需要。各种形式的学历继续教育都要深入研究、精准把握从业人员的学习需求，并根据专业特点和课程教学需要，改进教学模式与方法，建立网络教学和面授辅导、自主学习和协作学习、理论学习和实践实训等相结合的灵活学习模式。

2. 推动高校学历继续教育和非学历继续教育协同发展

高校要正确处理学历继续教育与非学历继续教育的关系，学历继续教育要“调结构、控规模、提质量，实现稳步发展”，非学历继续教育要“抓特色、出精品、创品牌，推动大力发展”，统筹师资、课程、设施等资源建设，实现优势互补、协调发展，不断提升继续教育服务社会和经济发展的能力与水平。

高校非学历继续教育要主动对接和服务国家发展战略，找准自身服务面向的领域和行业，增强自身市场化竞争意识，大力发展面向在职人员的非学历继续教育，并着力建设一批在服务需求、课程设置、教学管理、技能培养、校企合作、终身学习等方面具有示范意义、推广价值的优质非学历继续教育项目。

3. 引导不同类型办学主体错位统筹发展

在新发展阶段，应进一步明确各种类型办学主体的定位，明确各种形式学历继续教育的定位，努力实现不同办学主体、继续教育形式之间的错位统筹发展。

普通高校要发挥学科、专业、师资等优势，面向在职人员主要开展本科层次学历继续教育和高水平非学历继续教育。独立设置成人高校要发挥服务本地的优势，主要面向本区域在职人员开展职业导向的专科、本科层次学历继续教育，积极开展非学历继续教育和培训。开放大学要发挥办学体系优势，与普通高校、职业学校、行业企业等加强合作，提升地市、区县层级开放大学学院或学习中心的办学能力与公共服务能力，更好地服务全民终身学习。国家开放大学要努力构建服务全民终身学习的公共服务平台，深度参与社区教育和老年教育，扩大开展社会培训，规范办好学历继续教育，探索开展全日制本科职业教育。

二、积极探索新时代高校继续教育人才培养模式

网络环境中知识的内涵、特征都在变化，教育的本质也发生了改变，有效学习的途径也不再仅是简单接受教师讲解的内容。新时期，推动高校继续教育高质量发展，需要与时俱进，充分利用现代信息技术，更新教育理念，变革教育教学模式，积极探索具有中国特色、时代特点的高校继续教育人才培养模式。

1. 树立新知识观和学习观

知识是人类所有的智慧，不分载体形式，不分来源阶层，不分来源民族，都应纳入知识谱系中。知识不仅存在于书本中，还以各种形式存在于人类个体中。互联网出现前，教育是以书本为主要载体，只能传播适合文字符号承载的智慧，传播的内容是少数人贡献的标准化的内容。互联网出现后，共享空间和移动终端使人类绝大多数的智慧和经验都可以传播。知识不再仅存在于书本中，也可以存在于互联网中。知识不必是群体共识的，也可以经个体组织生成，知识呈现出海量、动态、境域化、综合性等新特

征。这些变化颠覆了传统知识生产和知识传播的模式，知识生产主体由少数知识分子扩展为全人类，知识获取途径由精加工的书本文字延伸至网络空间，知识生产方式由专门的知识阶层程序化生产进化为社会多主体群智协同的网络化生产，知识分类体系由学科分类体系转变为能力导向的综合分类体系。我们把上述知识现象称为回归论知识观。针对这种动态、网络化、问题导向、个性化的知识，最有效的学习方式不再是接受学校教师的系统讲解，而是与有价值的信息源建立联通关系，即联通主义学习，遵循“联通即学习、学习即生产、生产即传播”的规律。实践证明，回归论知识观和联通主义学习是新时代网络环境中成人学习的新途径。因此，高校继续教育要与时俱进，要树立回归论知识观，不仅要传播书本的内容，更要传播生产生活一线的鲜活知识；不仅要依靠高校内的教师，更要依靠各类一线实践者，甚至依靠学生的已有经验。要更新教学理念，教学不一定要传播教师已知的知识，还可以搭建促进学生与生产一线有机联通的平台。新知识观和新学习观为高校继续教育人才模式改革提供了理论指导。

2. 更新继续教育人才培养理念和培养模式

专业培养方案是专业人才培养的蓝图和总体设计，是保证教学质量和人才培养规格的重要文件，决定着培养什么样的人才。课程体系是人才培养的蓝本，是课程开发的基础。受普通高等教育的影响，高校继续教育的培养方案和课程体系开发主要采取“学科中心取向”，将学科知识作为课程目标和内容的主要来源，学科结构的逻辑成为课程内容组织的主要依据。实践证明，“学科中心取向”的人才培养方案和课程体系开发方法不能适应多样化成人在职学习的需要。高校继续教育培养方案和课程体系开发应采用以社会实践需求为主的综合价值取向，即以社会对人才的能力需求为主，兼顾考虑学生需求和学科体系。

高校继续教育课程体系开发应践行“社会实践需求为主、能力为本，兼顾学科与学生需求”的开发理念，遵循四个原则：①以培养应用型人才为目标，体现能力为本的特点和要求。② 课程内容的选择和组织应具有多样性，满足学生个性化的需求。③为了符合学生在职学习的特点，课程体系应该具有高度的灵活性。④为了适应劳动力市场的高速变化，课程体系应该具有应变性的特点。

新时期，高校继续教育机构应采用新价值取向，坚持新开发理念，完善人才培养方案和课程体系，探索构建与继续教育相适应的人才培养体系。

3. 探索建立开放共享、互联互通的课程新形态

目前在线课程的设计思路仍是传统线下面授课堂的“网络迁移”，其作用仍是已有知识的传播，无法实现新知识的汇集和传播。而新时代网络环境中成人学习需要新的课程形态。高校继续教育要以联通主义学习理论为理论基础，以“开放”“共享”“互动”“创新”等理念为指导，注重促进学习者之间的社会网络联结，探索社区型课程。

社区型课程是在网络环境中以社群形式开展互动和分享，学习者既是课程内容的学习者，也是课程内容的贡献者，不同类型的个体以“问题”为纽带自组织形成社群，学习者在社群内经过资源寻径、交互意会、反思沉淀和联结建网等过程，实现对知识的生产、优化和传播。课程提供给学习者丰富的内容选择，允许学习者自主选择学习工具和学习重点，充分发挥学习者的自主性。学习者可以根据兴趣自主安排学习重点、选择问题任务，在学习过程中拓展焦点主题、生成新的话题知识。课程评价要以过程评价为主，要充分肯定学习者的主动参与和贡献。实践证明，社区型课程是在互动中生成知识，知识传播和知识生产在同一个过程中，课程生成的学习网络具有“多中心”“自组织”等特征，在话题交互中形成了丰富的社会网络关系，促进了学习者的认知发展。社区型课程为高校继续教育教学改革提供了创新途径。

4. 进一步探索创新学习支持服务的新模式

高校继续教育应进一步完善以学习者为中心的学习支持服务模式，提供更有效、更高质量的学习支持服务，提高学习者学习体验满意度和学习效果。增强线上学习支持服务能力，持续动态导学、督学和助学，开展学习行为大数据监测和动态分析，为学习者提供个性化方案和精准服务。提升线下支持服务能力，完善校外学习中心、函授站点的设立和管理办法，规范助学助考助管行为。拓展线下支持服务网络，鼓励高校自建或共建继续教育学习中心，将学习中心打造为理论学习的助学点、实践能力的实训点、产教融合的结合点、社区教育和老年教育的学习点。

5. 完善教育评价与学习评价方式

树立科学的继续教育发展观，校准继续教育办学方向。政府层面要对高校进行分类管理，明确不同类型高校办学定位，避免简单“一刀切”的评价方法。对高校继续教育的评价重点应在于人才培养质量、适应性和学生满意度，同时建设继续教育质量监督平台，建立社会参与的质量监督机制。高校层面应牢记为党育人、为国育才、为民服务的继续教育使命，坚持社会主义办学方向，牢固树立科学的继续教育发展理念，坚决纠正片面追求招生规模的现象，不得将招生规模和收入作为继续教育工作的考核指标。

树立正确的人才观，完善学习评价的方式。研究已经证明，考试仅能评价学生部分有价值的发展和变化，学生在学习过程中的许多进步都无法通过考试考查出来。而考试对成人继续教育学习成效的评价局限性更显著，成人继续教育的定位是提高学生的就业能力和生活质量，学生的发展并不一定体现在知识获取上。新时代高校继续教育应充分利用大数据和人工智能等技术在以下三个方面进一步创新：①探索全过程精准评价，利用网络教学平台、在线教学工具、智能穿戴设备等，实现无感式、伴随式数据采集。优化教育数据建模与分析技术，开发评价工具，支持开展学生学习全过程和全要素评价。②探索多元参与、多主体综合评价。依托网络平台，探索学生、用人单位、教师及第三方评价机构等参与评价的有效方式，推动单向度向多向度的评价转变。③优化机考模式。建设高水平的考试系统，研发智能测评技术，优化题库建设，提升命题、组卷和结果分析水平。在有条件的学校开展规模化机考，推进无纸化网络化考试，支持大规模、多频次、多层次的考试需求。

改进教师评价，突出教学实效。要建立对继续教育教师分类评价机制：针对主讲教师，应重点评价教学设计与教学活动的质量；针对学习支持服务教师，应重点评价教师解决学生学习困难、促进有效学习的情况。高校继续教育应充分利用大数据、人工智能等技术，开发评价工具，开展对教学全过程的评价，应将用人单位和学习者的反馈信息作为教学评价的重要依据。

6. 探索适应成人灵活学习的育人机制

高校继续教育应深入研究成人灵活学习的需要，进一步创新高校继续教育育人模式，应重点在以下五个方面着力：①以回归论知识观为指导，打破学科边界，按照成人学习需要设置相应专业，建立高校继续教育专业目录。②践行“社会实践需求为主、能力为本，兼顾学科与学生需求”的开发理念，修订高校继续教育的培养方案，突出能力为本、多样化、灵活应变等新特点。③探索个性化的人才培养模式，允许定制培养方案，推荐个性化学习资源，在学习过程中提供个性化的学习支持。④支持灵活学习，提供碎片化泛在学习资源，努力实现处处能学，时时可学。⑤认可各种形态的知识和多种类型的学习经历，特别是要认可学习者的专业实践经历，建立高校继续教育与其他各类学习成果(学分)互认和融通的“立交桥”。

三、加强对高校继续教育的宏观指导、统筹协调与制度保障

新时代推动高校继续教育高质量发展，要加强党对高校继续教育的全面领导。教育行政部门要将高校继续教育纳入重要改革任务，高校要将继续教育工作纳入学校重要议事议程，党政一把手负总责，分管领导负专责。教育督导机构要加强对各地区各部门推动高校继续教育发展的督查督导，定期评估工作进展与成效。

1. 加强对高校继续教育的宏观指导和规划

面向国家对高校继续教育发展的新要求，针对过去高校继续教育中遇到的定位、理念、入学政策、质量保证等主要问题，加强宏观指导，推动出台有关战略规划和政策举措，为新时代高校继续教育明确战略地位、指明改革创新方向。

2. 探索建立继续教育统筹协调联动机制

高校继续教育的改革创新需要构建一套全新的制度，涉及多个部委；在各级教育主管部门，涉及多个司局处室；在学校内部，涉及多个职能部门。要按照“统一领导、分级管理、分工负责”的原则，着眼解决制约继续教育改革发展的体制障碍，要深化改革，创新高校继续教育管理体制和运行机制，为高校继续教育改革发展提供有力的组织保障。政府层面可以探索跨部门的统筹协调机构和联动机制，强化统筹管理，加大经费投入，协调推动资源整合共享，加强监督检查。高校层面应完善学校继续教育的管理制度和协调机制，统筹管理全校继续教育工作。高校继续教育办学情况应被纳入各级政府和办学机构年度工作述职内容，努力形成齐抓共管、主

动创新、相互配合的协同联动局面。

3. 建立健全高校学历继续教育多元投入机制

加大政府财政投入。建议将高等学历继续教育纳入高等教育的总体经费预算范围，探索通过政府补贴性项目等方式，建立与学历继续教育相适应的财政投入机制。同时发挥税收调节作用，进一步落实对参与继续教育的个人和企业实行所得税减免政策。

推动高校保证投入。高校应建立继续教育专项经费投入机制，加大对继续教育专业建设、平台建设、资源建设、师资培训等工作的投入。同时，应将继续教育学费收入用于继续教育办学支出，改善办学条件，提高办学质量。

吸引社会力量投入。充分挖掘社会领域投资潜力，鼓励社会力量捐助继续教育，提供研究与办学经费，促进继续教育事业快速发展。

4. 推动继续教育(终身教育)立法工作

立法是发达国家促进全民终身学习的成功经验。美国于1976年修订《高等教育法》时，增订一项《终身学习法》，使终身教育的理念通过立法、政策、计划等各方面具体实践而获得落实。日本于1990年立法，通过《终身学习振兴法》，具体规定了各部省、各级政府和社会以及个人在发展继续教育、终身教育等方面的权利与责任。目前，我国福建、上海、宁波等省市以地方条例的方式颁布了区域性的法律条文，为区域的继续教育(终身学习)提供了重要的法律支撑。国家层面应尽快推动立法进程，地方行政部门对应出台相关条例，保障继续教育健康持续发展。

四、加快构建高校学历继续教育质量保证体系

建设高等学历继续教育质量保证体系是国际惯例，其价值在于对外保证人才培养质量，对内为办学机构的内部质量保证体系的建设提供政策依据。我国高校继续教育质量保证实践从未间断，各级教育主管部门通过政策要求、年报年检、专业认证、评估检查等方式进行质量监管，但没有形成稳定的机制和质量保证体系。下一步要将建设完善质量保证体系作为“十四五”期间深化高校继续教育改革发展的重要抓手，重点在以下几个方面着力。

1. 建立健全质量保证标准体系

加快研究制定并正式颁布高校学历继续教育质量保证标准体系，包括三个层次：①学历继续教育办学机构质量保证标准。这个标准面向办学机构，主要审查机构办学资质，包括组织框架与管理体系、战略规划、基础设施、财务状况以及学生的学业水平是否符合培养目标等。②学历继续教育专业质量保证标准。这个标准主要是专业开设标准，包括培养目标、培养方案、专业及课程的设计与开发，以及学习支持服务等方面。③学历继续教育课程质量保证标准。这个标准主要是面向课程建设和实施，包括课程目标、课程内容、课程实施、课程评价等要素。

2. 探索建立第三方质量认证机制

高校学历继续教育的质量认证是质量保证的关键环节，一般都由政府设立的专门认证机构负责实施。该机构作为独立于政府和办学机构的第三方机构，实施的是外部质量保证，负责对高校继续教育质量进行监测和评

估。政府可遴选授权继续教育领域的专业机构作为第三方质量认证中心，定期对高校继续教育进行认证和评估。同时第三方认证机构需要制定科学的质量认证流程，确保质量认证和评估的有效性。一般来说质量认证流程主要包括五个环节：①制定认证标准；②办学机构提出认证申请，提交材料；③专家审议，认证机构组织专家，通过听取汇报、现场考察、调阅材料等方式进行审议，做出认证意见；④定期开展评估，认证机构定期对通过认证的项目进行过程评估；⑤认证机构定期向社会发布认证结果。

3. 健全内部质量保证体系

在加速建设高校学历继续教育质量保证体系的同时，推动高校继续教育机构实行全面质量管理，完善高校继续教育办学准入准出机制。落实办学主体责任，办学机构必须健全内部质量保证机制，设立内部质量保证部门，健全专业设置、资源建设、教学实施、考核评价、学习支持服务等标准，定期开展自我质量评估，并接受外部质量认证和评估。

五、推动“互联网+高校继续教育”创新发展

以互联网为代表的新一代信息技术为高校继续教育的创新发展提供了新空间、新手段和新模式，为新时期高校继续教育的高质量发展提供了新动能。高校继续教育要抓住历史机遇，深化高校继续教育供给侧改革，加速推进线上线下深度融合的灵活学习方式，进一步创新高校继续教育的公共服务模式，推广高校与社会共建共享的资源建设模式，构建高校与社会互联互通开放协同的高校继续教育新生态。

1. 完善和推广资源共建共享模式

在现有联盟基础上，建立政府、高校、企业、行业共同参与的教育资

源共建共享平台，服务课程开发、教学设计、教学实施与教学评价等继续教育全过程，探索形成优质教学资源市场化的汇聚与使用机制，进一步扩大优质资源覆盖面，强化优质资源在教育教学中的实际应用。

2. 加快推进继续教育公共服务平台建设

进一步规范学习过程支持的公共服务平台的运行与管理。在此基础上，加快建设：①学分积累与转换平台，推动高校继续教育的资源共建共享与学分互认。②教育质量监测平台，充分利用信息技术，加强对高校继续教育办学过程的质量管理，及时向社会公开质量保证信息，建立高校继续教育与社会的互动窗口，主动接受社会监督。③教育信息管理服务平台，建立统一集中的继续教育基础数据库，提高全国继续教育数据共享水平。

3. 深入推进高校继续教育供给侧改革

进入高等教育普及化阶段，高校继续教育的主要矛盾正在发生变化，表现为供给驱动的教育服务模式无法满足学习者对个性化、优质、终身学习的多样化需要。尽管高校继续教育在理念和服务上不断开放，但仍不能适应新一代的终身学习者，须深化供给侧改革，改革的方向是：①供给主体由高校转变成高校、行业、社会和个人多元主体；②供给内容由标准化、既定性内容转变为学生个性化、生成型内容的组合；③供给单元由一套培养方案转向碎片积累、灵活学习的学分制；④ 供给关系由供给驱动转向学习者消费驱动型。

六、推进高校继续教育管理制度的改革创新

1. 完善入学就学及出口管理制度

高校继续教育应树立开放教育理念，支持每个学习者都找到适合自己的学习途径，增强灵活学习的有效性；在健全质量保证体系的前提下，鼓励办学主体探索灵活多样的招生入学方式，让有学习意愿的公民均有机会获得学习资格。完善人才培养的过程支持和管理，为不同起点、各种学习模式的学习者提供适合的学习支持服务，并淘汰不能达到毕业标准的学习者。健全“严出”制度，严格学历继续教育学业出口标准，尽快形成学习方式灵活多样、出口标准同等的继续教育办学局面。

2. 探索建立学习成果认证、积累和转换机制

继续教育亟须建立学习成果认证、积累和转换机制，一方面因为继续教育类型多样、形式多元，不同继续教育形式之间，学历继续教育和非学历继续教育之间需要建立学习成果的认证、积累和转换机制；另一方面，参与继续教育的都是成人学习者，有着相对丰富的学习经历和工作经历，形成了多种形式的学习资历和成果，认证之前的学习资历和成果也需要学习成果认证、积累和转换制度。因此，要加快推进资历框架系统、学习成果认证制度、学分银行平台“三位一体”的高等继续教育制度体系建设。建立国家资历框架作为不同资历沟通和衔接的基础性系统，推进继续教育与职业技术教育、高等教育的统筹协调发展。要完善基于质量保证机制的继续教育学习成果认证制度，将学习者通过继续教育获得的知识、技能、能力、态度和价值观等，按照资历框架的等级和标准，通过认证给予认可。

科学制订学分互认规则，探索建立高等学历继续教育学习者跨校、跨专业的选课制度，探索普通高校、职业院校、开放大学、成人高校的继续教育课程的学分转换。

3. 完善继续教育教师管理机制

师资队伍建设事关高校继续教育教学质量，进而影响人才培养质量，应坚持师德师风第一标准，打造一流的继续教育师资队伍。应以在线学习服务师职业标准的建立为契机，逐步建立继续教育教师、管理人员、技术人员和服务人员资格准入、定期注册和考核制度，不断提升继续教育管理和从业人员的职业素养和专业化水平。高校应研究制定相关措施和政策，重点培养一批专兼结合、来源广泛的继续教育教师、研究、管理、技术和服务队伍，尤其要注重建立与行业企业统筹优化资源配置，整合共建共享师资队伍的体制机制。充分利用现代信息化技术手段，对教师的教学质量、教学效果、专业发展、科研水平进行追踪、分析和评价，确保继续教育教师和研究队伍的质量。可探索在全国建立一批继续教育师资培训基地，加强继续教育师资的培养和培训工作，实现继续教育队伍的可持续发展。

4. 推动自学考试制度的改革发展

高等教育自学考试制度是我国改革开放中诞生的新生事物，在服务全民终身学习的教育体系构建中居于举足轻重的地位。作为我国所独有的继续教育办学形式和考试制度，高等教育自学考试制度把国家考试、个人自学和社会助学三者连接成为有机整体，其基本的运行机制是“以考促学”。推动高等教育自学考试制度的改革发展，要重点关注四个方面的创新：①在高校继续教育新发展时期，高等教育自学考试的定位可探索转变为高校继续教育考试公共服务平台，不仅要面向学习者，还可面向高校继续教育办学机构，为各类办学机构提供相适应的考试服务。②更新评价理念，创新评价方法，开发多种评价工具，更加科学地评价成人学习者的学习成就。利用新技术，不断优化考试服务，为考生提供更详尽、更有效的评价报告，促进自主学习。③扩展业务范畴，与行业部门合作开发职业技能、资质的测试评价项目。同时可探索发展高等教育非学历证书考试。充分发挥自学考试以考促学、促教的功能，验查、监控各种非正规高等教育机构的教育质量。④充分运用现代信息技术实现考试的信息化、现代化，加强信息资源建设、信息环境建设，完善国家考试公共服务平台，从标准发布、资源供给、评价实施、考试管理、学习支持等方面全面提升服务质量和水平，努力打造核心竞争力。

5. 深化开放大学综合改革

深化开放大学综合改革是构建服务全民终身学习教育体系的重要任务。深化开放大学综合改革要在以下三个方面发力：①以广播电视大学体系为基础建设新的开放教育体系。根据《国家开放大学综合改革方案》(教职成〔2020〕6 号)，国家开放大学在教育部领导下统筹全国开放教育体系建设，指导和服务全国开放教育办学业务，统筹推进国家开放大学自身办学和为地方开放大学提供服务的机制改革，处理好国家开放大学自身办学和为地方开放大学提供服务的关系，不断提升不同层级开放大学的办学能力和水平。②建立科学的“严出”制度，作为开放大学教育质量保证的重要抓手，设计开放大学的入学和出口政策和措施。③牢牢把握服务全民终身学习的办学定位，国家开放大学落实《国家开放大学综合改革方案》(教职成〔2020〕6 号)中提出的“着力建设终身学习公共服务平台，面向全民提供终身教育及服务”的重要任务，建设覆盖全国的数字化、网络化、开放式的远程学习公共服务平台，为办学者和学习者提供社会化和全方位的学习支持服务，促进优质教育资源共享和各级各类教育纵向衔接、横向沟通；地方开放大学要以服务地方全民终身学习作为战略目标，推进自身的建设和发展。

七、加强高校继续教育的专业支撑和人力保障

高校继续教育与普通高等教育在培养定位、培养模式、教育规律等方面都有显著不同，高校继续教育的繁荣发展需要一支专业化的从业队伍。目前，高校继续教育领域从业人员有相关专业背景的比例不足10%，研究平台主要是机构内设的平台，没有省部级以上的专业科研平台。专业化程度不够是制约高校继续教育高质量发展的重要因素。新时期推动高校继续教育高质量发展首先要加强队伍专业化建设，加强科学研究的有力支撑。

1. 鼓励建设继续教育相关学科方向

继续教育专业是高校继续教育的人才来源和学术支撑。为推动高校继续教育高质量发展，鼓励高校增设相关学科方向，或者改造原有的成人教育等学科方向，招收本科、硕士和博士层次的学生，健全专业化人才培养体系，快速为高校继续教育培养一批专业化人才。探索制定高校继续教育从业标准，实施高校继续教育从业人员专业化轮训工作，全面提升高校继续教育队伍的专业化水平。

2. 加强高校继续教育科研队伍建设

高水平的研究平台是高水平实践的重要支撑。为推动高校继续教育高质量发展，建议加强继续教育科研队伍建设，培养一批专门从事高校继续教育领域的政策研究、理论研究和应用研究的专业队伍。鼓励各办学机构成立相应的研究机构，为办学机构的继续教育提供学术支撑。鼓励高校利用自筹资金，结合自身的发展需要，开展继续领域的相关研究，鼓励开展国际交流与合作。

3. 发展壮大高校继续教育联盟

目前，高校继续教育已经形成了各种形式的联盟，联盟在资源共建共享、办学经验交流等方面发挥了重要的积极作用。在新时期，进一步发展和壮大高校继续教育联盟，强化联盟在资源建设和学术交流中的平台作用，还要进一步挖掘联盟在行业自律、行业标准制定等方面的作用。

八、推动高校继续教育的国际交流与合作

在全球一体化大背景下，我国正在逐步从世界的边缘走到世界的中心。尤其是随着科技的快速发展，教育领域的资源共享程度不断扩大和加速，高校继续教育积极通过开展国际合作办学、引进优质开放教育资源、扩大国际公共产品供给等方式，加强国际交流与合作。新时代进一步加速继续教育办学国际化，是经济和社会发展对继续教育提出的客观要求，也是增强国际竞争力的必要途径。同时我国已形成具有中国特色的继续教育办学体系，应该主动承担对外传播中国经验的责任。

1. 鼓励高校积极开发“走出去”的继续教育项目

高校应将继续教育作为学校国际化战略的重要途径，应将国际化作为高校继续教育的重要职责。高校要利用自身的学科优质，结合国际形势，积极开发国际培训项目，利用网络主动将中国经验分享给世界。要有组织地把中国文化、中国思想和中国经验转化为继续教育项目，要注重对接“一带一路”倡议等国家重大双多边机制，打造高校继续教育“走出去”的品牌项目。

2. 鼓励高校继续教育开展国际合作项目

高校继续教育由于采用灵活的教学方式，具有国际合作的时空优势。但高校继续教育国际合作仅有星星之火的案例项目，尚未形成大规模的常态模式。鼓励高校积极开展继续教育国际合作，尤其与世界名校合作，引进优质继续教育资源和继续教育理论，提高继续教育的办学能力和水平；同时推动高校通过继续教育的平台“走出去”。鼓励高校面向国际学生，提供继续教育服务，把中国理论和中国经验介绍到世界。

3. 鼓励高校继续教育接受国际质量认证

高校继续教育要“走出去”就必须要遵守国际规则。高校继续教育应积极准备，主动接受国际相关质量认证，获得“走出去”的合法通行证。在接受国际质量认证、不断学习国际规则的同时，也可主动帮助国际质量认证机构理解中国国情和教育特点，帮助国际认证组织完善适应中国继续教育的标准和指标，为中国高等教育机构“走出去”打通制度障碍。

4. 鼓励高校加入国际继续教育联盟

联盟是国际教育领域的重要交流平台，国际开放与远程教育理事会(ICDE)是高校继续教育领域的国际学术组织，我国开放大学体系和部分高校网络教育机构都已经加入了ICDE，我国是ICDE较为活跃的会员。除了ICDE外，还有许多区域性的高校继续教育联盟组织，高校应结合自身的项目输出地，有选择地加入区域继续教育联盟组织。近几年，我国在线教育具有引领优势，产生了一系列创新模式，被世界各国高度关注和借鉴，我国高校也可以牵头成立在线教育领域的国家学术联盟，充分彰显我国的引领作用，扩大国际影响力。

附　录